데살로니가전 · 후서, 디모데전 · 후서, 디도서,
빌레몬서, 야고보서, 유다서의 이해

데살로니가전 · 후서, 디모데전 · 후서, 디도서, 빌레몬서,
야고보서, 유다서의 이해

2021년 7월 10일 초 판 1쇄 인쇄
2021년 7월 15일 초 판 1쇄 발행

저 자 • 양 창 삼
발행인 • 조 경 혜
발행처 • 도서출판 그리심
07030 서울시 동작구 사당로2길 72 인정 인정 B동 (B01)

등록번호 • 제 7-258호(1998. 4. 23)
출 판 사 • 전화 523-7589 팩스 523-7590
홈페이지 • http://grisim.biz
전자우편 • grisimcho@hanmail.net

값: 표지 뒷면에

ISBN 978-89-5799-457-3 93230

양 창 삼

양창삼(梁創三)은 현재 한양대학교 경상대학 경영학부
명예교수이고 목사이자 시인이다.
서울대학교에서 정치학과 경영학을 공부했다.
미국 웨스턴일리노이 대학교에서 MBA를,
연세대학교에서 경영학 박사 학위를 받았다.
총신대학교에서 목회학 석사와 신학 석사 학위를 받았다.
한양대에서 경상대학 학장과 산업경영대학원 원장을 역임했으며
중국 연변과기대에서 상경대학장, 부총장, 챈슬러를 역임했다.

저서

'기독교와 현대사회' 로 한양대에서 우수저술상을 받았고,
'헨리 나우웬의 실천하는 영성' 은
문화관광부 우수교양도서로 선정되었다.
함께 쓴 '뒤르케임을 다시 생각한다' 는
대한민국 학술원 우수학술도서로 선정되었다.
기독교 관계 주요 저서로
'기독교사회학의 인식세계,'
'뒤틀린 삶의 문제와 기독교적 해답,'
'자아의식과 예수의식,'
'조선을 섬긴 행복: 서서평의 사랑과 인생' 등이 있다.
바른 성경읽기에 관심을 가져
'창세기' 를 비롯한 모세오경, '열왕기 상하 읽기,'
'시편 읽기,' '잠언의 이해,' '이사야의 이해,' '다니엘서,'
'소선지서,' '마태복음의 이해' 를 비롯한 사복음서, '사도행전의 이해,'
'로마서의 이해,' '고린도전서와 고린도후서의 이해,' '빌립보서,'
'히브리서의 이해,' '베드로전서와 베드로후서의 이해,'
'요한1 · 2 · 3서와 요한계시록' 등을 내놓았다.

머리말

이번엔 신약 가운데 미처 다루지 못했던 데살로니가전 · 후서, 디모데전 · 후서, 디도서, 빌레몬서, 야고보서, 유다서 등 여섯 부분을 다루었다. 이로써 신약 각권에 대한 주해와 설명, 그리고 각권의 바른 이해를 위한 노력이 완결을 보게 되어 기쁘다. 그러나 아직도 갈 길은 멀다. 구약의 상당 부분이 그대로 남아있기 때문이다. 그래도 뚜벅뚜벅 걸어갈 것이다.

미국에 있을 때 4년 동안 성경만으로 분석 작업을 했고, 또 다른 4년 동안 성경의 주요 주제 연구에 매달렸다. 그리고 신학교에서 다니엘서, 요한계시록 등을 가르치게 되면서 각권에 도전을 했고, 지금에 이르게 되었다. 하나님께서 함께 하지 않으시면 불가능한 일이었다. 하나님께 감사드린다.

이 책에서는 바울의 서신과 야고보 및 유다의 서신을 다루었다. 바울은 예수님을 다마스쿠스로 가는 길에서 만나 박해자에서 전도자로 변했고, 야고보와 유다는 예수님의 형제들이다.

바울 서신 중 데살로니가전 · 후서는 교회를 향한 서신이고, 디모데전 · 후서와 디도서는 목회 서신이다. 빌레몬서는 개인적 간청 서신이다.

데살로니가전 · 후서(1, 2 Thessalonians)는 "입문서신"(introductory epistle) 또는 "최초서신"(the first epistle)이라 한다. 최초로 기록되었다고 보는 학자가 있어 붙여진 이름이다. 바울이 고린도에서 이 서신을 기록했다.

바울이 데살로니가에서 전도하자 유대인들이 불량배를 동원하며 극렬하게 방해를 했다. 이로 인해 바울은 그곳을 떠나야만 했다. 바울은 데살로니가 교회에 디모데를 보낸 후 성장하자 안심하게 되었고, 그곳에 이 편지를 쓰게 된 것이다.

이 서신의 중심 메시지는 그리스도의 재림이다. "밤에 도적같이"는 "갑자기 온다."는 것의 은유적 표현으로, 초신자들의 이해를 돕기 위한 것으로 보인다. 바울은 또 재림의 연기(delay of parousia)를 언급했다. 재림이 임박했다는 재림임박사상만 믿고 일을 하지 않으려 하는 것에 대해 경고의 의미를 담고 있다. 즉 하나님 나라는 이미(already) 임했으나 아직 완전한 상태는 아닌(not yet) 사이에 우리가 처해있다는 것이다. 여기에서 그는 "일하지 않는 자는 먹지도 말라"는 유명한 말을 남기었다.

바울은 우리의 "의(義)"(*dikaiosyne*, justification)에 대해서도 그리스도가 하나님의 아들이심을 고백할 때 의롭다함을 입는다 하였다. 우리의 의가 아니라 그리스도의 피가 우리의 죄를 깨끗하게 한다. 하나님께서는 지금(now) 우리의 이러한 신앙고백(원리)에 따라 의롭다고 선언하신 것이다. 그러나 주님이 재림하시는 그 날(then) 우리는 진정 완전히 의로워진다. 우리는 지금(now)과 그 날(then) 사이에 있다. 데살로니가 전 · 후서는 이것을 가르쳐 준다.

바울은 그밖에 죽은 자에 대한 문제를 언급하면서 "잠자는 자들"이라 했다. 잠을 죽음으로 본 것이다. 또 규모 없는 자(불법인)를 경계하도록 했다.

바울이 디모데전 · 후서(1, 2 Timothy)와 디도서(Titus)를 쓰게 된 동기는 에베소 교회에서 목회하는 디모데와 그레데에서 목회하는 디도로 하여금 목회를 어떻게 해야 하는지를 가르쳐주기 위함이다. 목회서신의 주제는 교회론이다. 집사와 장로를 택할 때 주의해야 할 점, 교인들의 신앙교육에서 주목해야 할 점을 기록하는 등 여러 목회 교훈을 통해 후배 목회자에 대한 배려를 잊지 않았다.

빌레몬서(Philemon)는 바울이 도망친 종 오네시모를 위해 빌레몬에게 개인적으로 간청하는 내용을 담고 있다. 바울은 로마의 감옥에서 오네시모를 만나 복음을 전했고, 그리스도를 주님으로 영접했다. 바울은 이제 그를 오네시모의 주인이자 주안의 형제인 빌레몬에게 돌려보내며 그를 용서하고 그를 종으로서보다 주 안에서 형제로 맞아줄 것을 간청하였다.

바울서신의 주요 내용은 그리스도의 복음, 교회, 윤리, 종말론으로 집약된다. 그는 구원역사에 있어서 하나님의 계획, 그리스도의 위치, 그리스도의 구원사건 효과를 다루었다. 그는 그리스도 밖에 있는 사람은 죄와 율법아래 있는 자이며, 그리스도 안에 있는 자는 신앙과 세례, 그리고 그리스도와 연합한 자임을 분명히 했다.

야고보서(James)는 예수의 동생 야고보가 기록한 것이다. 마가복음에 예수의 형제로 야고보, 요셉, 시몬, 유다를 소개한 것으로 보아 야고보는 그 가운데 나이가 많은 것으로 보인다.

공생애 동안 주의 형제들은 예수를 믿지 않았다. 누가는 승천에서 성령 강림시기까지 그리스도를 믿고 기도하는 주의 형제들을 기록하고 있다(행 1:14). 부활하신 주님은 야고보에게 보이셨다(고전 15:7). 야고보는 예루살렘교회 지도자가 되었고, 바울은 예루살렘에서 야고보를 보았다(갈 1:18-19).

이 서신은 그리스도인의 생활에 있어서 도덕적 행위의 필요성을 강조한다. 그래서 이신득의를 강조하는 루터는 야고보서를 지푸라기 서신, 곧 하잘 것 없는 것으로 평가하기도 했다. "하나의 율법이라도 범하지 말아야 한다, 사람은 두 주인을 섬길 수 없다, 이웃을 사랑하라는 그리스도의 새 율법은 온전한 율법이요 자유의 법이자 최고의 법이다, 말씀을 드는 것으로 충분하지 않고 말씀을 행해야 한다, 믿음만 있고 행함이 없다면 죽은 믿음이다."

야고보서를 읽어보면 구약의 선지자를 생각나게 하고 훈계 집 같다. 명령형과 도덕적 격언을 사용하기 때문이다. 그러나 야고보가 행함을 강조한 것은 이유가 있다. 믿음과 행함은 불가분의 관계에 있다고 보았기 때문이다. "형제들아"라고 표현한 것을 보아 중생한 성도들을 대상으로 쓴 것으로 보이며, 거듭난 성도라면 삶의 모습이 행위로 드러나야 한다는 것이다. 그래서 윌리엄 바클레이는 "야고보서는 거룩한 곳에서 들은 것을 삶의 시장터에서 실천하게 만든다."고 하였다.

야고보서를 보면 야고보와 바울은 서로 모순되는 것이 아닌가 생각되기도 한다. 그러나 서로 모순되는 것은 아니다. 그들은 같은 복음을 전했으며 강조점만 다르다.

바울의 적수는 유대 율법주의자들이었다. 그들은 구원이 율법을 행함(선행으로 의롭게 된다)에 있다고 보았다. 이에 반해 바울은 구원이 행함이 아니라 그리스도 안에서 믿음을 통해 의롭게 되었다고 주장한다. 바울도 사랑으로 역사하는 믿음(갈 5:6), 선한 일을 위하여 지음 받음(엡 2:10)을 말함으로써 믿음이 행함으로 이어지도록 했다.

이에 비해 야고보의 적수는 유대지식주의자들이었다. 그들의 구원은 신앙의 단순한 정통성, 곧 믿음이었다. 야고보는 귀신들도 믿고 떠는 무익한 정통성이 아니라 행함에 의해 의롭게 된다고 주장했다. 진정한 믿음으로부터 우러나오는 행함을 강조한 것이다.

문제는 믿음이냐 행위냐에 있지 않다. 우리는 사랑과 선행으로 귀착되는 살아있는 믿음에 의해 구원을 받는다(히 10:24). 행함에 의해 구원을 얻는 것은 아니지만 행함 없이 구원될 수도 없다. 행함은 구원을 증거 하기 때문이다. 예를 들어 아브라함은 하나님의 약속을 믿었으므로(믿음) 그의 명령을 순종했다(행함). 성령은 행함으로 귀착되는 믿음을 강조하라고 바울을 사용하셨고, 믿음으로 얻어지는 행함을 강조하라고 야고보를 사용하셨다.

야고보서의 테마 중 가장 빛나는 것은 1:26-27절의 말씀이다. "누구든지 스스로 경건하다 생각하며 자기 혀를 제갈 먹이지 아니하고 자기 마음을 속이면 이 사람의 경건은 헛것이라 하나님 아버지 앞에서 정결하고 더러움이 없는 경건은 곧 고아와 과부를 그 환난 중에 돌아보고 또 자기를 지켜 세속에 물들지 아니하는 이것이니라."

이 말씀은 진정한 신앙과 거짓신앙의 차이를 극명하게 보여준다. 자신이 신앙적이라 생각하지만 그의 신앙이 도덕을 동반하는 것이 아니라면 그의 신앙은 헛것이라는 것이다. 생각하는 것과 실재하는 것 사이에는 이처럼 구분이 있다. 여기서 말하는 순전하고 깨끗한 신앙은 3가지 특징이 있다. 혀를 제어하고(자신에 대한 의무), 고아와 과부를 찾아가며(이웃에 대한 의무), 그리고 세상에 물들지 않는 것(하나님에 대한 의무)이다. 이것은 야고보가 본 순전하고 깨끗한, 그리고 진정한 신앙의 요소이자 테마이다.

하나님에 대한 우리의 의무는 세상으로부터 물들지 않는 것이다. 야고보는 하나님과 세상을 반대되는 것으로 본다. 요한도 세상을 사랑하는 것과 하나님을 사랑하는 것은 상반된다고 보았다. 세상은 공허한 향락과 믿음이 없는 물질주의의 이교도 사회로 그들은 그들의 부와 함께 멸망한다(약 5:1-6). 세상과 짝하면 하나님과 원수 되는 것이다. 믿음에 부요해지고 약속하신 나라를 유업으로 받자. 그리스도인의 생활은 본질적으로 실제적인 거룩함의 생활이다. 거룩함은 그리스도 안의 믿음에서 시작되나(약 2:2) 행함으로 믿음을 드러내야 한다(약 2:18).

유다서의 저자는 야고보의 형제 유다이다. 야고보는 예수님의 친동생으로 초대교회에서 많은 활동을 했으며 야고보서를 썼다. 유다는 예수님이 이 세상에 계실 때 예수님을 따르지 않았으나 예수님이 부활하신 후 신자가 되었다(행 1:4). 고린도전서 9:5에 따르면 예수의 형제들은 순회전도자로 활동했다. 이 편지도 유다가 순회하며 설교했던 한 교회에 보낸 것으로 추측되고 있다. 유다서는 위경들을 많이 인용했다는 이유로 정경으로서의 가치를 의심받기도 했지만 위경을 인용했다고 해서 그 위경을 정경으로 인정하는 것은 아니다.

유다서(Jude)의 주제는 하나님을 존중하지 않는 부도덕한 사람들을 하나님께서 심판하신다는 것이다. 당시 거짓교사들은 잘못된 가르침과 부도덕한 행실로 교인들에게 나쁜 영향을 주었다. 하나님의 은혜를 잘못 이해하고, 하나님께서 신자들의 모든 죄를 용서해 주셨기 때문에 신자들은 도덕적 제재를 받지 않고 자유롭게 살 수 있다고 가르쳤다.

현대에도 이렇게 가르치는 거짓교사들이 있다. 나아가 그들은 신비체험, 특히 종교적 황홀경에 들어가 체험한 환상을 지나치게 의존하는 우를 범했다. 유다는 신비체험을 강조하고 자랑하면서 하나님의 거룩한 성품을 본받지 않는 사람들에 대해 경종을 울렸다. 거짓교사들은 이렇듯 그릇된 가르침뿐 아니라 악한 행실로 교인들을 타락시켰다. 유다는 이들의 잘못된 가르침을 배격하고 그들의 방탕한 행위를 본받지 않도록 경고하였다.

바울의 중심 메시지는 "복음은 값없이 주신 선물"이라는 것이다. 누가는 "모든 육체는 하나님의 영광을 보리라" 말함으로써 복음의 우주적 보편성을 강조했다. 이에 비해 바울은 영생은 무엇이며 그것을 어떻게 수용하느냐 하는 문제에 집중했다. 이에 대한 답으로, 바울은 선물로서의 복음을 제시했다. 복음은 은혜로 말미암은 것이고, 믿음을 통하여 구원을 얻을 수 있다. "의인은 오직 믿음으로 말미암아 살리라"(롬 1:17, 갈 3:11). 이 말씀은 하박국서 2:4의 말씀과도 일치한다.

야고보는 믿음도 중요하지만 행함의 중요성도 잊지 말라고 한다. 믿음이 있다고 하지만 행함이 없다면 열매 없는 나무와 같기 때문이다. 유다는 성도들에게 유혹에 맞서 믿음을 지키고 진리를 왜곡하는 거짓 교사들을 철저히 배격하라 권고하고 있다. 이 말씀들은 당시뿐 아니라 이 시대를 살아가는 우리에게도 중요한 메시지임에 틀림없다.

양 창 삼

차 례

데살로니가전서

데살로니가후서

디모데전서

디모데후서

디도서

빌레몬서

야고보서

유다서

1, 2 Thessalonians

데살로니가전 · 후서

데살로니가전서

제1장 인사와 머리말, 데살로니가교인들의 믿음에 대한 칭찬의 말

1. 인사와 머리말: 은혜와 평강이 너희에게 있을지어다(1절)

"바울과 실루아노와 디모데는 하나님 아버지와 주 예수 그리스도 안에 있는 데살로니가인의 교회에 편지하노니 은혜와 평강이 너희에게 있을지어다." (1절)

"실루아노"(*Silouanos*, Silvanus)는 "실라"라(행 25:27) 하기도 한다. 그는 유대인으로 로마 시민권을 가졌다. 그는 바울이 바나바와 결별한 뒤 바울의 동반자가 되었다. 바울의 제2차 전도여행 때 동행하며 복음을 전했다.

"디모데"(*Timotheos*, Timothy)는 바울의 제1차 전도여행 때 전도를 받고 회심한 후 바울의 동반자가 되었다. 바울의 충실한 제자로, 그의 아버지는 헬라인이었고 어머니는 유대인이었다. 그의 고향은 루스드라이다. 디모데는 실라와 함께 바울을 도와 데살로니가교회를 세웠다.

디모데는 바울의 제2차 전도 여행 때 드로아, 베뢰아, 데살로니가, 고린도 등지에서 바울과 동역했으며, 제3차 전도 여행 때는 바울과 함께 일했고, 에베소, 마게도니아, 고린도에서 바울의 대리인으로 전도활동을 했다. 바울은 후에 디모데의 목회사역을 지도하기 위해 편지를 썼는데, 그것이 바로 "디모데 전 · 후서" 이다.

데살로니가(*Thessaloniki*, Thessalonica)는 살로니가 만(Gulf of Salonica) 상부 온천 지대에 자리한 헬라의 항구도시이다. 빌립보 성을 건설한 마케도니아 왕 카산드로스(*Kasandros*, Cassander)에 의해 건축된 것으로, 그의 아내 이름(Thessalonike)을 따온 것이다. 그녀는 마케도니아 왕 필립 2세의 딸이자 알렉산더 대왕의 누이이다. B. C. 42년 자유시로 선포되면서 사람들이 몰려들면서 도시가 커지기 시작했는데, 그 가운데 유대인과 그리스인들이 많았다.

이곳은 로마와 동방을 연결시키는 중요한 통로로, 바울은 이곳을 발칸 반도에 복음을 전할 전략적 요충지로 삼고 제2차 전도여행과 제3차 전도여행 때 이곳을 방문했다. 이 때 빌립보 교인들이 몇 차례 비용을 보내왔다. 복음이 데살로니가에 들어오게 된 것은 세계 복음화에 중요한 기반이 되었다.

바울은 2차 전도여행 때 데살로니가를 방문해 복음을 전했다(행 17:1-10). 그는 손수 일하면서 전도를 했다. 그곳엔 유대교 회당이 있어 바울은 평소의 습관대로 유대인의 모임에 들어가서 세 주간 안식일마다 성경의 말씀을 풀어주면서 그리스도가 고난을 받고 죽은 자 가운데서 살아나야 한다는 것을 말하며 자신이 전하는 예수가 바로 그리스도이심을 증거 했다. 구약에서 예언된 고난 받을 메시야가 바로 예수 그리스도이심을 전한 것이다.

그들 가운데서 여러 사람들이 믿었다. 그들 중에는 야손(Jason)을 비롯하여 아리스다고, 세군도와 같은 사람들이 있었다(행 20:4). 그밖에도 여러 경건한 헬라인들과 적지 않은 귀부인들도 믿었다. 바울의 전도로 여러 사람들이 예수를 그리스도로 영접하자 이들을 중심으로 교회가 세워졌다. 이방 사람들이 하나님께 돌아온 것이다.

"교회"(*ekklesia*, church)는 유대교의 회당과 구별된 신약시대의 그리스도인의 모임을 가리킨다. 초대 교회는 대체로 많은 교인을 수용할 수 있는 가정의 방을 사용하여 모임을 가졌다. 가정교회로 시작된 것이다(롬 16:5). 데살로니가 교회도 이런 과정을 거쳤을 것이다. 사도행전 17:5을 보면 야손의 집일 가능성이 높다.

복음을 받아들이는 수가 늘어나자 유대인들의 핍박이 점점 거세졌다. 바울은 그곳에 사는 유대인들의 강한 핍박으로 3주간밖에 체류할 수 없었다. 이것은 유대교가 강력히 뿌리를 내리고 있었음을 보여준다. 그래서 바울은 베레아를 거쳐 아덴으로 갔다. 실라와 디모데는 데살로니가에 남아 교회를 돌보았다(행 17:14). 바울은 아덴에서 데살로니가에 기별을 보내 실라와 디모데를 아덴으로 불렀고, 두 사람은 아덴에서 바울과 합류했다(살전 3:1). 바울은 아덴에서 실라를 빌립보로, 디모데를 데살로니가로 보냈다(살전 3:2). 바울은 혼자서 고린도로 갔다. 실라와 디모데가 빌립보와 데살로니가에서 고린도로 돌아왔다. 디모데의 보고(살전 3:6)에 입각하여 바울은 고린도에서 데살로니가전서를 데살로니가교회에 써 보냈다. 바울의 데살로니가 체류 기간은 비록 짧았지만 복음이 어떤 결실을 맺었는지 늘 궁금했었다. 교회가 모범적으로 성장한다는 그 소식을 디모데로부터 보고 받은 바울은 크게 안심하며 데살로니가전서를 쓰게 되었다.

"하나님 아버지와 예수 그리스도 안에(*en*, in) 있는", 이 말은 하나님 아버지와 예수 그리스도와의 생명적인 연합과 살아있는 관계를 의미한다. 데살로니가 교인들이 바로 그런 사람들이었음을 보여준다.

"은혜와 평강이." 유대인들은 "평안"을 비는 말로 인사를 했고, 헬라인들은 "은혜"라는 말로 인사했다. 바울은 이 차원을 뛰어넘어 하나님 아버지와 예수 그리스도를 통한 은혜(*charis*, grace)와 평강(*eirene*, peace)이 그들 가운데 항상 임하기를 기원했다. 바울의 이 인사말은 당시 유대인들로부터 박해를 받고 있었던 데살로니가교인들에게 큰 위안이 되었을 것이다.

2. 데살로니가교인들의 믿음에 대한 칭찬의 말(2-10절)

"우리가 너희 모두로 말미암아 항상 하나님께 감사하며 기도할 때에 너희를 기억함은."(2절) "우리는 여러분 모두를 놓고 언제나 하나님께 감사하며 기도할 때 여러분을 기억하고 있다."

"너희의 믿음(*pistis*, faith)의 역사와 사랑(*agape*, love)의 수고와 우리 주 예수 그리스도에 대한 소망(*elpis*, hope)의 인내를 우리 하나님 아버지 앞에서 끊임없이 기억함이니."(3절) "우리는 여러분이 믿음으로 행한 일과 사랑의 수고와 우리 주 예수 그리스도에 대한 희망을 가지고 인내한 것을 우리 하나님 아버지 앞에서 쉬지 않고 늘 기억한다."

"믿음의 역사"(your work of faith)는 교인들의 활력이 있는 신앙을 가리킨다. 진정한 믿음은 말로만의 믿음이 아니라 역사하는 믿음이다. "사랑의 수고"(labor of love)는 하나님을 섬기며 희생하는 삶을 살고 있다는 것이다. 신앙이 생활에서 실제적으로 나타나고 있음을 보여준다. 귀로만 듣는 신앙이 아니라 행동으로 나타나는 신앙이다. 그리스도에 대한 "소망의 인내"(the endurance of hope)는 근거 없는 헛된 바람이 아니라 그리스도와 그의 재림에 대한 확고한 신앙을 가지고, 흔들리지 않고 지속적인 신앙생활을 하고 있음을 의미한다. 이 믿음, 사랑, 소망은 성도가 신앙생활을 할 때 가져야 할 중요한 요소이다.

“하나님의 사랑하심을 받은 형제들아 너희를 택하심을 아노라.”(4절) “하나님의 사랑을 받고 있는 형제 여러분, 하나님께서 여러분을 선택하셨다는 것을 우리는 알고 있다.”

“형제들”(*adelphoi*, brothers)은 그리스도와의 연합을 통해 믿음으로 하나가 된 그리스도인들을 일컫는 말이다. 영적인 형제, 자매 모두를 포함하는 말이다. 바울은 그들이 믿음, 소망, 사랑으로 신앙 생활하는 것을 보고 하나님의 택함(*eklogen*, election), 곧 하나님의 백성(자녀)으로 선택받은 성도요 구원받은 자임을 알겠다는 것이다.

“우리는 여러분에게 복음을 말로만 전한 것이 아니라, 능력과 성령과 큰 확신으로 전했다. 우리가 여러분과 함께 있을 때 여러분을 위해 어떻게 생활했는지 여러분은 잘 알고 있다.”(5절)

당시 헬라 인들은 “말”(*logo*, word), 곧 수사학이나 웅변 등을 사용해 청중을 사로잡고자 했다. 그러나 바울은 자신들의 복음 전파는 그들과 달리 하나님이 주신 말씀의 능력으로(*en dynamei*, in power), 성령 안에서(in the Holy Spirit), 그리고 큰 확신을 가지고(with full assurance) 전파했음을 강조하고 있다.

“여러분은 많은 고난 중에서도 성령님이 주시는 기쁨으로(*meta charas*, with the joy) 하나님의 말씀을 받아들여 우리와 주님을 본받는 사람들(*mimetai*, imitators)이 되었다.”(6절)

“많은 환난 가운데서”, 여기서 “환난”(*thlipsis*, tribulation)은 종종 포도주를 만들기 위해 포도를 짓누르는 압착의 뜻을 가지고 있다. 그런 일을 많이 당했다는 말이다. 데살로니가 사람들이 바울을 통해 복음을 받을 당시 유대인들은 그것을 시기하여 불량배를 동원해 야손을 비롯한 교인들을 박해하였다(행 17:4-9). 그 후에도 크고 작은 일로 신자들을 박해했다. 여기서 “많은 환난"은 수적으로 환난을 많이 당했음을 의미하기도 하지만 질적으로도 받은 환난이 극심했음을 뜻하기도 한다. 하지만 그들은 성령이 주시는 기쁨으로 그 모든 것을 극복함으로써 복음을 전한 우리와 우리 주님을 본받는 자가 되었다. 바울은 전 인격과 생명을 바쳐 복음을 전했고, 성도들은 환난 중에서 오히려 성령의 도우심으로 복음을 받아들이고 변화된 생활을 했다.

"그리하여 여러분은 마케도니아와 아가야에 있는 모든 성도들에게 모범(*typon*, example)이 되었다."(7절) B. C. 146년 이후 헬라 전 지역은 마케도니아(*Makedonia*, Macedonia)와 아가야(Achaia) 두 개의 속주로 나뉘어 로마의 지배에 들어갔다. 마케도니아 중심지는 데살로니가였고, 아가야의 중심지는 고린도였다. 이 구절은 데살로니가 교인들의 모범적인 신앙생활 모습이 헬라 전 지역에 알려졌음을 보여준다.

"주님의 말씀이 여러분을 통해 마케도니아와 아가야에 널리 퍼졌을 뿐만 아니라 하나님을 믿는 여러분의 믿음에 대한 소문이 곳곳에(in every place) 퍼졌으므로 우리는 여러분에 대해서 더 이상 말할 필요가 없다."(8절)

이것은 그들의 신앙생활 모습이 얼마나 모범적이었는가를 보여준다. 그들은 환난가운데서 성령의 기쁨으로 말씀을 받고 사도들과 주님을 본받는 노력을 했음을 증거하고 있다. "들리다"(*exechetai*, have sounded forth)는 문자적으로 "울려 내다"로 공명을 일으키는 것을 말한다. 주의 말씀이 공명을 일으키듯 사방으로 퍼지는 것을 말한다. 데살로니가는 마케도니아 지방의 중심지이자 항구였기 때문에 지리적으로 복음을 전하는 것뿐 아니라 교회의 소식이 각지로 전파되는데 큰 역할을 하였다.

"그들은 이야기한다. 우리가 여러분을 찾아갔을 때에 여러분이 우리를 어떻게 영접했는지(과거), 어떻게 해서 여러분이 우상을 버리고 하나님께로 돌아와서 살아 계시고 참되신 하나님을 섬기며(현재), 또 하나님께서 죽은 사람들 가운데서 살리신 그 아들 곧 장차 내릴 진노에서 우리를 건져 주실 예수께서 하늘로부터 오시기를 기다리는지를(미래) 말한다." (9, 10절)

9-10절은 데살로니가 교인들이 어떻게 복음을 받아들였고, 지금 어떻게 신앙생활을 하고 있으며, 재림의 소망을 가지고 믿음 생활을 하는지 그 소문이 각처에 퍼졌음을 말해주고 있다. 나아가 이것은 신앙의 3요소를 말해주고 있다. 첫 번째는 과거에 섬겼던 우상을 버리고 하나님께 돌아오는 것이다. 두 번째는 현재 살아계시고 참된 하나님을 섬기는 것이다. 끝으로, 미래에 강림하실 주님을 기다리는 것이다. 데살로니가 사람들은 대부분 헬라인으로 다신교를 섬겼다. 하지만 하나님의 말씀을 받은 뒤로 과감히 우상을 버리고 하나님을 섬기며 재림의 소망을 가지고 살아가고 있다. 이것은 실로 놀라운 일이 아닐 수 없다.

제2장 바울의 사심 없는 데살로니가 전도사역, 데살로니가 교회에 대한 바울의 감사, 재방문의 소망

1. 바울의 사심 없는 데살로니가 전도사역(1-12절)

1-12절에서 바울은 제2차 전도여행을 했을 때 데살로니가의 겪은 전도경험을 회고하였다.

"형제자매 여러분, 우리가 여러분을 찾아간 것이 헛되지 않은 것을 여러분이 더 잘 알고 있다."(1절) "여러분도 알다시피 우리가 여러분에게 가기 전에 빌립보에서 많은 고난과 모욕을 당했다. 하지만 하나님의 도우심으로 우리는 강력한 반대에도 불구하고 여러분에게 기쁜 소식을 담대하게 전했다."(2절) 빌립보 사건은 바울이 그곳에서 귀신 들린 여종을 고쳐주다 주인에게 고소를 당하여 매를 맞고 옥에 갇혔지만 기적적으로 풀려난 사건을 가리킨다(행 16:19-34).

"우리의 권면(*paraklesis*, exhortation)은 간사함이나 부정에서 난 것이 아니요 속임수(*dolo*, trickery)로 하는 것도 아니라."(3절) 우리의 권면은 잘못된 생각이나 불순한 마음이나 속임수로 하는 것이 아니다. "간사함"(*plane*, error)은 문자적으로 "오류", "잘못된 생각", "미신"이라는 뜻이다. "부정"(*akatharsias*, impurity)은 성적 부정이나 물질적 부정을 가리킨다. 당시 이방인의 우상숭배 때 성적 부패행위가 있었기 때문에 성적 부패를 가리킬 가능성이 높다.

4-5절은 전도의 목적이 하나님을 기쁘시게 하는 데 있음을 밝히고 있다.

"오직 하나님께 옳게 여기심을 입어 복음을 위탁 받았으니(be entrusted) 우리가 이와 같이 말함은 사람을 기쁘게 하려 함이 아니요 오직 우리 마음을 감찰하시는 하나님을 기쁘시게 하려 함이라."(4절) 오히려 우리는 하나님의 인정을 받아 기쁜 소식을 전하라고 부탁을 받은 사람으로서 말한다. 우리는 사람을 기쁘게 하려 하지 않고 우리 마음을 살피시는 하나님을 기쁘게 하려고 한다. "옳게 여기심"은 하나님께로부터 복음전도에 적당한 자로 인정(검정)받은 것을 말한다.

"여러분도 알고 있겠지만 우리가 한 번도 아첨하는 말(word of flattery)을 하지 않았고 욕심의 가면(pretext of greed)을 쓰지 않았다는 것은 하나님이 증거하고 계신다."(5절) 순수하게 복음을 전했으며, 이 일에 하나님이 증인이시라는 것이다. "또한 우리는 너희에게서든지 다른 이에게서든지 사람에게서는 영광(*doxa*, glory)을 구하지 아니하였노라."(6절) 사람들로부터 존경받기 위해 복음을 전한 것도 아니라는 말이다.

"물론 우리는 그리스도의 사도로서 권위를 주장할 수도 있었다. 하지만 우리는 마치 어머니(*trophos*, nursing mother)가 자기 자녀를 돌보듯이 여러분을 부드럽게(gentle) 대했다."(7절).

여기서 "사도"는 예수님의 12제자에 한정시켜 말하는 것이 아니라 예수님이 승천하신 후 복음을 전파하기 위해 하나님으로부터 부르심을 받은 전도자를 가리킨다. 바울 일행은 복음을 전파하는 사도로서 성도들에게 존경을 요구하고 사도로서의 권위를 주장할 수 있지만 그렇게 하지 않았다. 오히려 어머니가 자녀에게 하듯 겸손하고 부드러운 사랑으로 대했다. 그것은 그들의 능력이 모자란 때문이 아니다. 능력을 충분히 갖추었지만 성도들을 키우고 보살피기 위해 그리했다는 것이다.

"우리는 여러분을 너무나 사랑했기 때문에 여러분에게 하나님의 기쁜 소식

(the gospel)을 전할뿐만 아니라 우리의 생명(our own lives)까지도 여러분을 위해 기꺼이 희생하려고 했다."(8절) 바울은 데살로니가 성도에 대한 뜨거운 사랑으로 인해 그들에게 복음을 전했고, 심지어 자신의 생명까지도 바칠 생각이었다.

"우리가 여러분에게 하나님의 복음을 전할 때 누구에게도 폐를 끼치지 않으려고 밤낮으로 수고하고 애쓴 것(일하며 고생한 것)을 여러분도 잘 알고 있을 것이다."(9절)

"수고"(*kopon*, toil, labor)와 "애쓴 것"(*mochthon*, hardship)은 장막 만드는 일이었던 것으로 보인다. 바울은 아무에게도 누를 끼치지 않기 위해 이같이 수고했다. 헬라인은 육체노동을 노예들만이 하는 천한 것으로 간주했다. 하지만 바울은 그리스도와 복음을 위하여 이를 감수하였다. 바울은 전도자가 교회로부터 보수를 받는 것은 당연하다고 생각했지만 초신자들에게 경제적 부담을 주지 않기 위해 스스로 생활비를 조달했다. 유대 사회에서는 노동을 귀하게 여겼고, 랍비들도 젊은이들에게 직업훈련을 받도록 가르쳤다. 바울은 열심히 일하는 가운데 전도를 하는 모범을 보여주었다.

"또, 성도 여러분을 대할 때에, 우리가 얼마나 경건하고 올바르고 흠 잡힐 데가 없이 처신하였는지는, 여러분이 보았으며 하나님도 이것에 대한 증인이시다."(10절) 사도들은 부끄러움 없고 깨끗한 생활을 함으로써 교인들에게 모범을 보였음을 말하고 있다.

"여러분이 아는 바와 같이, 아버지가 자기 자녀에게 하듯이, 우리는 여러분 하나하나를 대한다. 권면하고 위로하고 경계하지만 그것은 여러분을 부르셔서 그의 나라와 영광에 이르게 하시는 하나님께 합당하게 살아가게 하려는 것이다."(11, 12절) "권면하고"(*parakalountes*, exhorting)는 알지 못하고 행할 때 불러 가르치는 것을 말한다. 성도들에게 보다 나은 신앙생활을 하도록 권면한 것을 말한다. "위로하고"(*paramythoumenoi*, comforting)는 성도들이 박해로 낙심했을 때 위로한 것을 말한다. "경계하노니"(*martyromenoi*, charging) 문자적으로 "증언하노니"이다. 하나님의 말씀을 증언하여 그릇된 길로 가는 자녀에게 올바른 길을 제시하고 인도하는 것을 말한다. 이것은 우리로 하여금 하나님을 기쁘게 하는 삶을 살도록 하려는 데 있다. "그의 나라(*basileia*, Kingdom)"는 그리스도께서 통치하시는 하나님 나라를 말하며, "영광"(*doxa*, glory)은 장차 완성될 하나님 나라의 영광스러운 모습을 말한다.

2. 데살로니가 교회에 대한 바울의 감사(13-16절)

"또 한 가지 우리가 하나님께 늘 감사하는 것은 여러분이 우리가 전한 말을 받을 때 사람의 말로 받아들이지 않고 하나님의 말씀으로 받아들인 점이다. 그 말씀은 믿는 여러분 속에서 지금 역사하고 있다."(13절) 데살로니가 교인들이 사도들이 전한 복음을 하나님의 말씀으로 받아들임으로써 삶에서 획기적인 변화를 일으킨 것을 말한다.

"형제 여러분은 그리스도 예수님 안에서 유대에 있는 하나님의 교회들이 자기 동족에게 고난을 받은 것처럼 여러분의 동족에게 핍박을 받았다."(14절) 이로 인해 데살로니가 교인들은 동족인 헬라인으로부터도 핍박을 받았다. 바울은 이 말을 하며 예수 그리스도와 예루살렘 교회도 이런 핍박을 받았음을 상기시키고 있다. 바울은 자기 동포에 대한 깊은 애정을 가진 반면 교회를 핍박하는 유대인을 비난하고 있다.

"유대인들은 주 예수님과 선지자들을 죽이고 우리를 쫓아내었으며 하나님을 기쁘시게 하지 않고 모든 사람의 원수가 되었다."(15절) 유대인들은 예수님을 죽이고, 교회를 핍박할 뿐 아니라 사도들이 이방인에게 복음 전하는 것까지 막았다. 하나님을 기쁘게 해 드리지 않고, 모든 사람에게 적대자가 되었습니다.

"우리가 이방인에게 말하여 구원받게 함을 그들이 금하여 자기 죄를 항상 채우매 노하심이 끝까지 그들에게 임하였느니라."(16절) 우리가 이방인들에게 전도하여 구원받게 하려는 일도 방해하였다. 이런 식으로 그들은 언제나 죄를 가득 쌓아 마침내 하나님의 진노가 그들에게 이르렀다. "노하심"(*orge*, wrath)은 패역한 유대인을 향한 하나님의 종말론적 진노를 말한다. 시제가 과거형인 것은 유대인들이 그 진노의 일부를 이미 맛본 것(갈릴리 유다의 반란이나 예루살렘의 기근 등으로 추정되고, 후에는 예루살렘 멸망이 결정적이다)을 뜻하거나 그 진노가 그만큼 분명하다는 것을 의미한다.

3. 재방문의 소망(17-20절)

"형제 여러분, 우리가 얼마 동안 여러분을 떠나 있게 된 것은 몸이었지 마음이 아니다. 우리는 여러분을 그리워하며 다시 만나 보려고 정말 애썼다."(17절) 바울은 유대인들의 극심한 반대와 소요로 인해 데살로니가를 떠날 수밖에 없었다. 하지만 바울은 그들을 항상 염려하며 보고 싶어 했다.

"우리는 여러분에게로 가고자 하였고, 특히 나 바울은 한두 번 가고자 하였다. 그러나 사탄이 우리를 방해하였다."(18절) 바울이 자신의 이름을 거론한 것은 매우 드문 일이다. 그것도 대명사까지 동원하였다. 이것은 바울 자신이 얼마나 진정으로 그들을 보고 싶어 했는가를 보여준다. "사탄"(Satan)은 "대적자"라는 뜻이다. 하나님과 인간 사이를 이간시킨다. 바울은 자신의 데살로니가 방문을 막았던 반대자들 배후에 사단이 작용한 것으로 보았다.

"우리 주 예수님이 강림하실 때 누가 우리의 희망과 기쁨과 자랑의 면류관이 되겠는가? 여러분이 아니겠는가?" (19절) "강림" (*parousia*, coming)은 그리스도의 재림을 가리킨다. 헬라문화권에서는 왕이 한 도시를 공식적으로 순시하러 오는 것을 "파루시아"라 하였다. "면류관" (*stephanos*, crown)은 왕관이나 축제 때의 화환이 아니라 경기에서 승리자가 차지하는 상을 의미한다. 바울은 사도들의 헌신과 노고에 대한 가장 크고 흐뭇한 상과 위로는 구원받은 형제들과 함께 주를 만나는 것임을 말하고 있다.

"너희는 우리의 영광이요 기쁨이니라." (20절). 데살로니가 성도 여러분이야 말로 우리의 자랑이며 기쁨(*chara*, joy)이라는 말이다.

제3장 디모데의 파송, 디모데의 보고, 데살로니가 교인을 위한 기도

1. 디모데의 파송(1-5절)

1-5절은 바울이 디모데를 데살로니가에 파송한 동기를 설명하고 있다.

"이러므로 우리가 참다못하여 우리만 아덴에 머물기를 좋게 생각하고"(1절) 더 이상 기다릴 수가 없어서 우리만 아테네에 남아 있기로 했다. "이러므로"는 2:17, 18과 연결된 것을 말한다. 여기서 "우리"는 바울과 실라를 가리킨다. "좋게 생각하고"(*eudokesamen*, we thought it best)는 바울과 실라만 아테네에 머무는 것을 최선으로 생각했다는 말이다.

"우리 형제 곧 그리스도의 복음을 전하는 하나님의 일꾼(*synergon*, fellow worker)인 디모데를 보내노니 이는 너희를 굳건하게 하고 너희 믿음에 대하여 위로함으로"(2절) 바울은 지금 데살로니가를 방문할 수 없어서 디모데를 데살로니가 교회에 파송한다는 말이다. "굳건하게 하고"(*sterixi,* strengthen)는 "단단하게 고정하는" 것을 말한다. 모든 환난과 고난 속에서 성도의 마음을 하나님께 단단히 고정시켜 신앙을 견고하게 하는 것을 말한다. 환난 중에 있는 성도를 독려하는 말씀이다.

아무도 이 여러 환난 중에 흔들리지 않게 하려 함이라 우리가 이것을 위하여 세움 받은 줄을 너희가 친히 알리라(3절) 박해 가운데서도 흔들리지 않게 하기 위한 것입니다. 우리가 이런 고난을 당할 수밖에 없다는 것은 여러분도 잘 알고 있다. "이것"은 환난을 받도록 작정되어있음을 말한다.

"우리가 너희와 함께 있을 때에 장차 받을 환난을 너희에게 미리 말하였는데 과연 그렇게 된 것을 너희가 아느니라."(4절) 우리가 여러분과 함께 있을 때 앞으로 우리가 박해를 받을 것이라고 여러분에게 미리 말한 바 있는데 여러분이 아는 대로 정말 그렇게 되었다.

이러므로 나도 참다못하여 너희 믿음을 알기 위하여 그를 보내었노니 이는 혹 시험하는 자가 너희를 시험하여 우리 수고를 헛되게 할까 함이니(5절) 내가 더 이상 참을 수 없어서 여러분의 믿음을 알아보려고 디모데를 보냈다. 혹시 시험하는 자, 곧 사단이 여러분을 꾀어 우리가 수고한 것을 헛되게 할까 염려해서 그렇게 한 것이다.

"시험하는 자"(*ho peirazon*, the one tempting)는 데살로니가 교인을 박해하는 유대인이나 불신자를 가리킨다. 영적으로는 사단이다. 사단은 바울의 영적 사역도 방해했다(살전 2:18). 사단의 주된 일은 성도들을 하나님으로부터 분리시키는 것이다. "헛되게(*eis kenon*, in vain) 할까"는 "수포로 돌아가게 할까"이다. 성도들이 사단의 시험을 받고 신앙을 저버리면 바울의 전도는 물거품이 되고 만다.

2. 디모데의 보고(6-10절)

6-10절은 디모데의 보고를 받고 전도자들이 큰 힘을 얻은 것을 말하고 있다.

"그런데 지금 디모데가 돌아와 여러분의 믿음과 사랑이 이전처럼 확고하다는 반가운 소식을 전해 주었다. 또 여러분이 언제나 우리를 좋게 생각하고 우리가 여러분을 간절히 보고 싶어 하듯이 여러분도 우리를 간절히 보고 싶어 한다는 사실도 그가 말해 주었다."(6절)

바울은 고린도에서 디모데로부터 데살로니가 교인들의 신앙상태와에 바울을 향한 애정이 큼을 보고 받았다. 보고에 따르면 교인들은 핍박을 받으면서도 신실하게 신앙생활을 하고 있었고, 바울의 사랑과 은혜를 잊지 않고 그를 보고 싶어 했다. 바울은 자신도 얼마나 그들을 사랑하고 있는가를 보여주고 있다.

"그러므로 형제 여러분, 우리는 이 모든 궁핍(고난)과 환난(어려움)을 겪으면서도 여러분의 믿음으로 큰 위로를 받았다."(7절) 데살로니가 교회 소식을 들은 바울은 많은 고난(*ananke*, distress)과 역경(*thlipsei*, tribulation)을 겪으면서도 그들의 믿음이 날로 성숙해간다는 것에 큰 위안을 얻을 수 있었다. 그리고 지금까지 겪었던 모든 어려움을 잊을 수 있었다.

"그러므로 너희가 주 안에 굳게 선즉 우리가 이제는 살리라."(8절) 여러분이 주님 안에 굳게 서 있으므로(*stekete*, stand firm) 이제는 우리가 살 것 같다(*zomen*, we live). 전도를 받은 자가 주님 안에 굳게 서 있으면, 전도자가 살아 있는 셈이 된다는 것을 가르쳐 준다. 이것은 바울이 얼마나 그들의 믿음에 대해 마음을 쓰고 있었는가를 보여준다.

"우리가 여러분 때문에 우리 하나님 앞에서 갖게 될 모든 기쁨에 대하여 그 보답으로 하나님께 어떻게 감사해야 좋을지 모르겠다."(9절) "모든 기쁨"(*pase te chara*, all the joy)은 여러 종류의 기쁨을 합한 것을 말하는 것이 아니라 매우 크고 강한 기쁨을 말한다.

"우리는 여러분을 다시 만나 여러분의 믿음에 부족한 것을 채워 줄 수 있게 해 달라고 밤낮 열심히 기도하고 있다."(10절) 바울은 데살로니가 교인들의 얼굴을 볼 수 있기를, 또 그들에게 믿음에 있어서 "부족한 것"(*ta hysteremata*, the things lacking)을 보충해 줄 수 있기를 바랐다. 바울은 데살로니가 교회를 믿음이 역사하는 교회라 칭찬했다. 그러나 아직도 부족한 것이 있음을 알았다. 그것은 4장에 자세히 소개되고 있다. 데살로니가 교인들은 도덕적인 실천에 있어 그리스도인다운 삶을 사는 데 부족했고(살전 4:1-8), 재림이 가까웠는데 일을 해서 무엇을 하느냐는 잘못된 종말관을(살전 4:13-5:11) 가지고 있었다. 이것은 바울의 마음을 애타게 만들었다.

3. 데살로니가 교인을 위한 기도(11-13절)

"우리 하나님 아버지와 주 예수님이 우리의 길(*ten hodon*, the way)을 인도하셔서 여러분에게 갈 수 있게 되기를 기도합니다."(11절) 바울은 주님께서 자신들의 길을 친히 열어 주셔서 데살로니가 교인들에게 갈 수 있기를 기도했다. 이것이 구체적인 첫 기도제목이다.

"우리가 여러분을 사랑하듯 여러분도 더욱더 넘치는 사랑으로 서로 사랑하며 모든 사람을 사랑하게 되기를 주님께 기도합니다."(12절) 데살로니가 교인들이 "서로"(*allelous*, one another) 사랑을 나누고, 그 사랑을 "모든 사람들에게"(*eis pantas*, toward all) 베풀 수 있기를 기도했다.

"또 여러분의 마음을 굳세게 하셔서 우리 주 예수님이 모든 성도들과 함께 다시 오실 때 하나님 우리 아버지 앞에서 거룩하고 흠이 없게 하시기를 기도합니다."(13절) 주님이 재림하실 때 모두 하나님 앞에서 거룩함에 흠 잡힐 데가 없게 해 주기를 기도했다.

"모든 성도"(*panton ton hagion*, all the saints)는 문자적으로 "모든 거룩한 자들"이다. 여기서 성도는 그리스도 재림 시 먼저 부활하는 앞서 간 성도들(살전 4:16)을 가리킨다. (그러나 천사의 무리, 또는 천사의 무리와 성도의 무리 모두를 일컫는 것으로 해석하기도 한다.) 이미 죽은 성도들이 부활하여 마지막 날에 주님과 함께 이 땅에 내려온다(살전 4:14, 고전 15:23, 24).

제4장 하나님을 기쁘시게 해드리는 삶, 주의 재림

1. 하나님을 기쁘시게 해드리는 삶(1-12절)

1-12절에서 바울은 데살로니가 교인들에게 도덕적인 교훈을 주고 있다.

1) 신자의 거룩한 성생활: 거룩하게 살라(1-8절)

"형제 여러분, 우리는 여러분에게 하나님을 기쁘시게 하는 생활을 하라고 가르쳤는데 사실 여러분은 그렇게 살고 있다. 이제 마지막으로 우리가 주 예수님 안에서 여러분에게 권하고 부탁한다. 앞으로도 여러분은 더욱 힘써 그렇게 살도록 하라." (1절) 바울은 예수 그리스도의 권위를 가지고 데살로니가 성도들에게 "하나님을 기쁘시게 하며" (*areskein Theo*, please God) 살 것을 당부했다.

"우리가 주 예수님의 이름으로 여러분에게 어떤 지시를 했는지 여러분은 알고 있다." (2절)

"하나님의 뜻은 여러분이 거룩하게 사는 것이다. 그러므로 여러분은 음란한 짓을 버리고 깨끗하고 존경하는 마음으로 부부 생활을 하라. 하나님을 모르는 이방인들처럼 색욕에 빠지지 말라." (3, 4, 5절) 바울은 성도가 성적 유혹에 빠지지 않고 거룩하게 살도록 명백하게 가르쳤다.

"이 일에 분수를 넘어서 형제를 해하지 말라 이는 우리가 너희에게 미리 말하고 증언한 것과 같이 이 모든 일에 주께서 신원하여 주심이라." (6절) 남의 아내를 가로채지 말라. 우리가 전에 여러분에게 말하고 경고한 대로 주님께서는 이런 짓을 하는 사람에게 무서운 벌을 내리실 것이다.

"분수를 넘어서"(*hyperbainein*, go beyond)는 성질서와 성생활의 한계선을 넘어서는 것으로, 합법적으로 결혼한 부부 이외에 다른 상대와 성 관계를 갖는 것을 말한다. "형제를 해하지 말라"는 문자적으로 이 문제에 관해 도를 넘지 말라(*me pleonektein*, not to overreach)는 뜻이다. 성적 범죄는 자신에게 죄를 짓는 것뿐 아니라 상대방에게 죄를 짓는 행위이다. 하나님은 자기 백성에게 성적으로 순결함을 요구하신다. "신원하여"(*ekdikos*, avenging)는 "복수하여"이다. 하나님은 이런 모든 일을 낱낱이 살펴서 그대로 징벌하시는 분이시니 신중히 행하라는 말씀이다.

"하나님이 우리를 부르심은 부정하게 하심(*akatharsia*, impurity)이 아니요 거룩하게 하심이니."(7절) 하나님은 우리를 더럽게 살라고 부르신 것이 아니라 거룩하게 살라고 부르셨다. "거룩하게 하심"(*hagiasmo*, holiness)은 "성결"을 뜻한다. 히브리어로 "코데쉬(quodesh)"다. "분리"라는 의미로 불의, 속된 것, 더러움 등에서 분리되는 것을 말한다. 죄의 오염에서 벗어나 그리스도를 닮아가는 삶을 사는 것이다. 그리스도 안에 거하고 말씀을 묵상하며 기도하며 속된 것과 분리하며 그리스도의 거룩한 백성으로 살아가야 한다.

"그러므로 이 교훈을 저버리는(rejecting) 자는 사람을 저버리는 것(disregard)이 아니라 여러분에게 성령을 주신 하나님을 저버리는 것입니다."(8절) "사람"은 바울 자신을 가리킨다. 그러니 하나님을 두려워하며 경건하게 살라는 것이다.

2) 형제사랑: 서로 사랑하라(9-10절)

"형제를 사랑하는 것에 대해서는 이미 여러분이 서로 사랑하라고 하나님에게 배웠기 때문에 더 말할 필요가 없다."(9절) "형제사랑"(*philadelphias*, brotherly love)은 성도들 간의 사랑을 말한다. "사실 여러분은 마케도니아에 있는 모든 성도들에게 이 사랑을 실천하고 있다. 그러나 우리는 형제 여러분들이 더욱 힘써 그렇게 할 것을 권한다."(10절)

3) 근면한 생활: 손으로 일하기를 힘쓰라(11-12절)

"그리고 우리가 여러분에게 명령한 것처럼 조용한 생활을 하고(live quietly) 남의 일에 간섭하지 말며 손수 일하도록 하라."(11절) 남의 일에 간섭하지 말고 자기 일을 남에게 의지하지도 말며 각자 자신의 일을 성실하게 수행하라(strive earnestly)는 말씀이다.

"이는 외인에 대하여 단정히 행하고 또한 아무 궁핍함이 없게 하려 함이라."(12절) "외인"(*tous exo*, those outside)은 "바깥사람", 곧 교회 밖의 불신자들을 가리킨다. 그렇게 성실히 일하면 불신자들에게 존경을 받고 경제적으로도 부족한 것이 없어 아무에게도 신세를 지지 않게 될 것이다. 열심히 일하여 성도로서의 품위를 지키라는 말씀이다.

4. 주의 재림(13-18절)

13-18절은 주의 재림과 관련된 말씀이다.

"형제 여러분, 우리는 여러분이 자는 자들, 곧 이미 죽은 사람들에 대해서 모르는 것을 원치 않는다. 그렇지 않으면 여러분도 소망이 없는 다른 사람들처럼 슬퍼하게 될 것이다."(13절) 데살로니가 교인 중 죽은 자들이 생기자 그들이 재림 후에 하나님 나라에 들어갈 수 있을까 염려하였다. 이에 대해 바울은 답을 줌으로써 죽음에 대해 소망을 주고자 했다.

"자는 자들"(those having fallen asleep)은 죽은 성도들에 대한 은유적 표현이다. 성경은 죽음을 잠으로 자주 표현하고 있다. 성도의 죽음이 단순한 육체적 죽음이 아니라 부활을 앞둔 쉼으로 보기 때문이다. 그렇다고 이것을 영혼수면설로 보면 안 된다. 성도가 죽으면 육체는 잠의 상태에 빠지지만 그 영은 그리스도와 함께 거하기 때문이다(고후 5:10, 빌 1:23). "소망 없는 다른 사람들"은 불신자들을 가리킨다. 불신자들은 인간의 죽음 이후에 대해 절망적이다. 소망이 없기 때문이다.

"우리는 예수님이 죽었다가 다시 살아나신 것을 믿는다. 그래서 우리는 예수님을 믿다가 죽은 사람들도 하나님이 그와 함께 데리고 오실 것을 믿는다." (14절) "우리는 주님의 말씀으로 여러분에게 말한다. 주님이 재림하실 때까지 우리 살아남는 자들도 이미 죽은 사람들보다 앞서지 못할 것이다." (15절) 죽은 자들 역시 재림 때 주님의 섭리와 역사에 따라 부활하게 될 것이다.

"그것은 주님이 호령과 천사장의 소리와 하나님의 나팔 소리와 함께 하늘에서 내려오실 때 그리스도를 믿다가 죽은 사람들이 먼저 부활할 것이기 때문이다." (15절) 우리가 죽은 사람들보다 앞서지 못할 것에 대한 답이다. "호령" (*keleusmati*, a loud command)은 죽은 성도들에게 일어나라고 하는 주님의 명령을 말한다(요 5:28). "천사장" (archangel)은, 유다서 9절이나 요한계시록 12:7에 따르면 "미가엘" 천사장을 가리킨다.

"그 후에 우리 살아남은 사람들도 그들과 함께 구름 속으로 끌려 올라가 공중(aera, air)에서 주님을 만나 영원히(*pantote*, always) 주님과 함께 있게 될 것이다." (17절) 바울은 그리스도 재림 후에 있게 될 복의 상태는 그리스도와 항상 함께 있는 것이라 했다. 재림 후에는 사단의 방해 없이 더욱 온전히 얼굴과 얼굴을 대하며 주님과 신령한 교제를 나눌 수 있다는 점에서 지금과 다르다. "그러므로 이러한 말로 서로 위로하라(*parakaleite*, encourage)." (18절) 이것은 재림을 사모하는 성도들에게 위로를 주는 말씀이다.

제 5장 빛의 자녀답게 살라, 악은 모양이라도 버리라, 맺는 말

1. 빛의 자녀답게 살라(1-11절)

1-11절은 주님의 재림에 관한 설명이다.

"형제 여러분, 그 때(*ton chronon*, the times, 일반적인 크로노스의 시간)와 시기(*ton kairon*, the seasons, 어떤 의미와 목적을 가진 특수한 기간, 영적인 카이로스)에 대해서는 여러분에게 더 말할 필요가 없다."(1절) 데살로니가 교인 중에는 재림의 시기에 대해 지나치게 관심을 가진 사람들이 있었다. 그러나 그것은 오직 하나님의 권한이다. 성도는 항상 그 날을 준비하는 자세로 성실하게 삶을 살아가야 한다.

"주의 날이 밤중에 도둑같이 온다는 것을 여러분이 잘 알기 때문이다."(2절) "주의 날(*hemera*, the day)"은 주의 재림의 날로, 믿지 않는 자에게는 심판의 날이요 믿는 자에게는 구속의 날이다. 그 날은 이 세상에 종말을 고하고 죽은 성도가 부활하며 불신자가 심판 받고 만물이 회복되어 하나님의 나라가 완성되는 날이다.

"마치 해산할 여자에게 고통이 닥치듯 사람들이 평안하고 안전한 세상이라고 마음 놓고 있을 때 갑자기 그들에게 멸망이 닥칠 것이며 사람들은 절대로 그것을 피하지 못할 것이다."(3절) 사람들이 하나님을 찾지 않고 편안한 생활과 환락에 취해 있을 때 갑자기 오신다. 불신자에게 주의 재림은 도적과 해산의 고통으로 비유된다. 주님은 도적이 올 때처럼 예측할 수 없고, 심판의 고통이 따르며, 그것은 아무도 피할 수 없다.

"형제 여러분, 그러나 여러분은 어두움 가운데 있지 않기 때문에 그 날이 여러분에게 도둑처럼 닥치지는 않을 것이다."(4절) 그러나 믿는 자는 어두움(*stokei*, darkness, 하나님을 떠난 불신 상태)에 있지 않고 말씀의 밝은 빛 가운데 있으므로 그 날이 도둑처럼 모르게 오지 않을 것이다.

"여러분은 모두 빛의 자녀들이며 낮의 자녀들(sons of day)이다. 우리는 밤이나 어두움에 속하지 않았다."(5절) 여러분은 밤이나 어두움에 속하지 않은 빛의 자녀들이고 낮의 자녀들이다. "빛의 아들"(sons of light)은 빛 된 하나님의 자녀라는 뜻과 함께 빛의 속성을 지닌 자라는 뜻이다. 성도는 단지 빛을 받아서 사는 데 그치는 자가 아니라 빛으로 특징지어진 삶, 곧 하나님의 빛 된 성품을 나타내는 삶을 살아야 한다. 빛의 자녀들은 어두움의 자녀들과는 근본적으로 속성이 다르다.

"그러므로 우리는 다른 사람들처럼 잠자고 있을 것이 아니라 깨어 정신을 차려야 한다."(6절) "잠을 잔다"(sleep)는 것은 심판의 날이 없다며 방탕하게 사는 것을 말한다. 성도는 주님의 다시 오심에 무관심하거나 들떠서 생활에 소홀히 해서는 안 된다. 오히려 깨어있고, 정신을 차려야 한다(watch and be sober). 주님의 오심을 고대하며 충실한 삶을 살아야 한다.

"잠자는 사람들은 밤에 자고 술 마시는 사람들도 밤에 마시고 취한다."(7절) "그러나 우리는 낮에 속한 사람이므로, 정신을 차리고, 믿음과 사랑을 가슴막이 갑옷(*thoraka*, breastplate, 호심경)으로 입고, 구원의 소망을 투구(helmet)로 쓰자."(8절) 성도는 하나님께 속한 아들로서 어둠의 일을 벗어버린 사람들이자 밤이 아니라 낮에 속한 사람이다. 그러므로 주의 재림을 적극적인 자세로 기다려야 한다. 바울은 로마서 13:12, 에베소서 6:13-17에서 성도의 무장을 갑옷으로 표현하였다. 그러나 갑옷의 각 부분의 적용이 한결 같지는 않다. 바울이 강조하고 싶은 것은 은유의 정확한 적용이 아니라 무장의 중요성 그 자체에 있다. 갑옷에서 가장 중요한 부분은 흉배와 투구이다. 성도가 가장 중요하게 갖추어야 할 무장은 믿음, 소망, 사랑이다.

"하나님이 우리를 세우심(*etheto*, has destined, 정하여 놓으신 것, 택하신 것)은 노하심(벌하시기 위한 것)이 아니라 우리 주 예수 그리스도를 통해 우리가 구원을 얻도록 하기 위한 것이다."(9절) 하나님께서는 우리를 진노하심에 이르도록 정하여 놓으신 것이 아니라 우리 주 예수 그리스도로 말미암아 구원을 얻도록 정하여 놓으셨다. "노하심"(*orgen*, wrath)은 하나님의 마지막 날의 심판을 말한다.

"그리스도께서 우리를 위하여 죽으신 것은, 우리가 깨어 있든지 자고 있든지, 그리스도와 함께 살게 하시려는 것이다."(10절) "깨어 있든지 자고 있든지"는 "어느 형편에서나", "항상" 또는 "살아있을 때나 죽은 후에도" 등 다양한 뜻을 가지고 있다. 그리스도의 죽음과 부활은 그가 우리와 영원히 함께 사심을 보여주신 것이다. 그리스도와 함께 사는 자는 성결 된 삶을 살아야 한다(롬 6:10-22, 갈 2:20).

"그러므로 여러분은 지금까지 생활해 온 그대로 서로 격려하고, 서로 덕을 세우라."(11절) 남을 권면하려고만 하지 말고 남의 권면도 달게 받아들이고, 겸손과 협조의 미덕을 보이라는 말씀이다.

2. 악은 모양이라도 버리라(12-22절)

12-22절은 종말을 전제한 바울의 교훈의 말씀이다.

"형제 여러분, 여러분 가운데서 수고하고 주 안에서 너희를 다스리며 권하는 자들, 곧 여러분을 지도하고 가르치는 분들의 수고를 잊지 말라."(12절) 바울이 여기서 언급한 수고하고 다스리며 권하는 이들은 교역자들, 초대교회의 감독이나 장로들을 가리킨다.

"그들의 역사로 말미암아 사랑 안에서 가장 귀히 여기며 너희끼리 화목하라."(13절) 여러분을 위해 일하는 그들을 존경하고 사랑하며 서로 화목하게 지내라. "그들의 역사(*ergon*, work)"는 교역자들의 수고와 성취한 업적을 말한다.

"또 형제들아 여러분에게 권고한다. 게으른 자들(무질서하게 사는 사람)을 훈계하고, 마음이 약한 사람을 격려하고, 힘이 없는 사람을 도와주고, 모든 사람에게 오래 참으라."(14절)

"게으른 자들"(*tous ataktous*, the unruly)은 문자적으로 "대열에서 이탈하여 제멋대로 행동하는 자들", "법을 무시하고 제멋대로 사는 자"를 뜻한다. 여기서는 일하지 않고 돌아다니며 문제만 일으키는 사람들을 가리킨다. 데살로니가 교인 중에는 주의 재림이 임박했다며 생업을 포기하고 다른 사람들에게 폐만 끼치는 이들이 있었다. 이들에 대해서는 훈계한다.

"마음이 약한 자"(*tous oligopsychous*, the fainthearted)는 불행, 범죄, 실패 등으로 인해 절망한 사람을 말한다. 이들에게는 격려가 필요하다. "힘이 없는 사람"(*ton asthenon*, the weak)은 영육 간에 쇠약해서 제 발로 서지 못하는 사람을 말한다. 그들을 도와주어야 한다. "모든 사람"(*pantas*, all)는 반대하고 박해하는 사람, 악인들, 믿지 않는 사람들을 말한다. 이들에 대해 실망하거나 적대시하지 말고 인내로써 대하라는 것이다.

"누구에게나 악으로 악을 갚지 말고 여러분 자신과 모든 사람을 위해 언제나 선을 추구하라."(15절) 악을 악으로 갚지 말고 오히려 선을 행하라. 예수님은 이 가르침을 주셨고(마 5:38-48), 바울(롬 12:17)과 베드로(벧전 3:9)도 이 가르침을 따랐다. 악을 갚지 않는 것은 소극적 경계로 그치지만 선을 행하는 것은 보다 높은 적극적 차원이다. 적극적으로 선을 행하면 악을 극복할 수 있기 때문이다. 바울이 말하는 선은 사랑이다.

"항상 기뻐하라." (*Pantote chairete*, always rejoice) (16절) 항상 기뻐하라는 것은 기뻐할 수 있는 것만 기뻐하는 것이 아니라 기뻐할 수 없는 상황 속에서도 기뻐할 수 있어야 함을 가르쳐 준다. 이 기쁨은 단지 감정적인 기쁨이라기보다 주 안에서 갖는 성령의 기쁨이다. 데살로니가 교회는 환난 가운데서도 성령 충만한 기쁨을 가졌다(살전 1:6).

"쉬지 말고 기도하라." (*adialeiptos proseuchesthe*, unceasingly pray)(17절) 끊임없이 기도하는 정신으로 살아가라는 말씀이다. 모든 일에 하나님을 굳게 붙잡고 의지하며 살아간다.

"범사에 감사하라 이것이 그리스도 예수 안에서 너희를 향하신 하나님의 뜻이니라." (18절) 범사, 곧 모든 일에(*en panti*, in everything) 감사한다. 감사할 수 있는 조건만 감사하는 것이 아니라 감사할 수 없는 조건 속에서도 하나님의 뜻이 있으리라 믿고 감사한다. 하나님의 뜻(*thelema*, will)이란 우리를 향해 가지신 하나님의 소원 내지 의지가 있음을 말해준다.

"성령을 소멸하지 말며." (19절) 성령의 불을 꺼지게 하지 말라(*me sbennyte*, do not quench). 성령의 활동을 제한하지 말라는 말씀이다. 성령을 통한 신령한 체험을 소멸하지 말라는 뜻으로 보는 견해도 있으나 성령의 열매를 맺지 못하게 하는 게으름, 부도덕성의 죄악을 범하지 말라는 뜻으로 보는 것이 바람직하다. 성령은 성도들의 삶을 온화하게 하고 열심 있게 하고 밝게 하고 정화하시는 불과 같은 존재이시다. 따라서 성령을 따르는 삶에 게으름, 부도덕함, 형식적인 예배는 허용될 수 없다.

"예언을 멸시하지 말고." (20절) "예언" (*propheteias*, prophecies)은 하나님께서 우리에게 주시는 권면이며 경고요 은사다. 이 예언을 덮어놓고 멸시하거나 그 예언을 남용하여 자신을 보호하는 도구로 삼는 것을 잘못된 일이다. 이 구절에서 "예언"은 복수로 되어 있다. 따라서 재림에 관한 예언으로 한정 시킬 필요는 없다.

“범사에 헤아려 좋은 것을 취하고 악은 어떤 모양이라도 버리라.”(21, 22절) 모든 것을 잘 살펴 선한 것은 붙잡고 악한 것은 흉내도 내지 말라. 좋은 것과 나쁜 것을 잘 분별하여 좋은 것은 지키고, 악한 것을 멀리하라.

3. 맺는 말(23-28절)

“평강의 하나님이 여러분을 온전히 거룩하게 하시고 우리 주 예수 그리스도께서 다시 오실 때 여러분의 영과 혼과 몸을 흠 없이 완전하게 지켜 주시기를 기도한다.”(23절) 바울은 서신을 끝맺으면서 영육 간에 모든 것이 흠 없이 보전되고 성결한 삶을 살도록 기원한다. “영과 혼과 몸,” 여기서 삼분설의 근거를 찾는 이들도 있다. 하지만 바울은 인간의 전 인격 속속들이 거룩하게 되어야 한다는 뜻에서 이 단어들을 사용한 것이지 인간의 구조를 밝히기 위해 사용한 것이 아니다. “여러분을 부르시는 분은 신실하시기 때문에 이 일을 반드시 이루어 주실 것이다.”(24절)

“형제들아 우리를 위하여 기도하라.”(25절) 사도는 남을 위해 기도해주는 사람이므로 다른 사람들이 그들을 위해 기도해줄 필요가 없는 것 같이 보이지만 오히려 기도가 더 필요한 사람들이다.

“거룩하게 입맞춤(holy kiss)으로 모든 형제에게 문안하라.”(26절) 입맞춤은 동방의 여러 나라와 유대인의 관습으로 사랑과 우정의 표시이다. 2, 3세기에는 입맞춤이 교회의 인사법이었으나 곧 폐지되었다.

바울은 이 서신을 데살로니가의 모든 믿음의 형제자매들에게 읽어줄 것을 당부하고(27절) “우리 주 예수 그리스도의 은혜가 너희에게 있을지어다.”(28절) 기원하며 서신을 마쳤다.

데살로니가후서

제1장 은혜와 평강의 인사, 고난 받는 자를 향한 약속

1. 은혜와 평강의 인사(1-2절)

"나 바울과 실루아노와 디모데는 하나님 우리 아버지와 주 예수 그리스도 안에 있는 데살로니가 교회에 이 편지를 쓴다."(1절) "하나님 아버지와 주 예수 그리스도로부터 은혜와 평강이 너희에게 있을지어다."(2절)

데살로니가전서 1:1의 내용과 같다. 이것은 당시 편지글 형식으로, 보내는 사람과 받는 사람을 쓰고, 축원과 기도로 인사 말씀을 대신하고 있다. 바울이 데살로니가후서를 쓰게 된 것은 주의 재림에 대해 거짓교사들이 뿌려놓은 잘못된 생각을 바로 잡을 필요가 있었기 때문이다. 이 편지는 바울이 고린도에 있을 때 썼다.

2. 고난 받는 자를 향한 약속(3-12절)

"형제 여러분, 우리는 여러분에 대해서 항상 하나님께 감사하지 않을 수 없다. 이것이 당연한 것은 여러분의 믿음이 점점 크게 자라고 여러분이 서로 극진히 사랑하고 있기 때문이다."(3절) 데살로니가 교회는 다른 교회들보다 열심 있는 믿음과 사랑이 넘치는 교회였다. 바울은 이에 대해 하나님께 먼저 감사했다. 그렇게 되도록 하나님께서 이끄셨기 때문이다.

"그러므로 우리는 여러분이 온갖 박해와 고난을 참고 견디며 믿음을 지키는 일을 하나님의 여러 교회에서 자랑한다."(4절) 온갖 박해와 고난 가운데서 믿음을 지킨다는 것은 결코 쉬운 일이 아니다. 하나님께서 이길 수 있는 힘을 주시지 않으면 불가능한 일이다.

"이 일은 하나님의 공의로운 심판의 표로, 하나님께서 여러분을 하나님 나라에 합당한 사람이 되게 하시려고 주신 것이다. 여러분은 참으로 그 나라를 위하여 고난을 당하고 있다."(5절)

"하나님의 공의로운 심판의 표"에서, "표"(*endeigma*, plain token)는 "표시", "증거"를 말한다. 데살로니가 교인들이 여러 가지 핍박과 환난에도 굽히지 않고 신앙을 지켜나갈 수 있는 사실 그 자체가 하나님께서 저들을 보호하셨다는 증거가 되며, 하나님은 공의로우시다는 증거가 된다. 하나님은 데살로니가 교인들에게 시험을 참을 힘과 믿음을 공급하신다. 공의로운 하나님의 도우심으로 환난은 오히려 그들에게 영적으로 성장하고 도덕적으로 성결할 수 있는 결과를 가져다주었다.

"하나님의 나라"(*tes basileias tou Theou*, the kingdom of God)는 그리스도가 통치하는 나라이다. 그 나라는 그리스도의 초림으로 시작되었고, 재림으로 완성된다. 성도들은 현재 두 나라, 곧 이 세상 나라와 하나님 나라에 속했지만 종말에 가서는 완성된 영원한 천국에 들어가게 된다.

"하나님은 공의를 베푸신다. 여러분을 괴롭히는 자들에게는 괴로움으로 갚아주시고, 괴로움을 받는 여러분에게는 우리와 함께 안식으로 갚아주신다. 이 일은 주 예수께서 자기의 권능 있는 천사들과 함께 하늘로부터 불꽃에 싸여 나타나셔서 하나님을 알지 못하는 자들(복음을 들어보지 못한 이방인들)과 우리 주 예수의 복음에 순종하지 않는 자들(복음을 들었으나 믿지 않거나 방해한 자들)을 처벌하실 때에 일어날 것이다." (6, 7, 8절)

하나님은 악인에 대해서는 심판을, 그리고 의인에 대해서는 안식을 약속하셨다. 이 안식은 박해로 인한 두려움과 아픔을 고치고 회복시키시며 종국적으로는 하나님 나라에 들어가는 것을 말한다. 이것은 하나님이 공의로운 (*dikaion*, righteous) 분이심을 보여준다. "불꽃 가운데" (in a fire of flame)는 마지막 때 심판주로 오시는 그리스도의 주권과 영광과 위엄을 나타낸다. 재림의 주님이 악인을 엄하게 심판하실 것을 상징하는 말이다. "나타나실 때에" (*en te apokalypsei*, at the revelation)는 문자적으로 "숨기운 것을 드러낼 때다" 라는 것으로, 그리스도께서 가시적으로 재림하실 것을 확증하는 표현이다. 주님은 모든 사람이 보는 가운데 재림하신다.

"하나님을 모르는 자들과 우리 주 예수의 복음에 복종하지 않는 자들에게 형벌을 내리시리니 이런 자들은 주의 얼굴과 그의 힘의 영광을 떠나 영원한 멸망의 형벌을 받으리로다." (9절) 그들은 주님 앞과 주님의 권능의 영광에서 떨어져 나가서, 영원히 멸망하는 형벌을 받을 것이다. 영원한 형벌을 받고 주님 앞에서 쫓겨나 그의 능력 있는 영광을 보지 못할 것이라는 말씀이다.

"주의 얼굴" 은 하나님의 임재를 가리킨다. 주의 얼굴을 뵙는다는 것은 주와 교제하며 하나님의 사랑을 받는 삶을 말한다. 그러나 주의 얼굴을 떠난다는 것은 하나님의 사랑의 초대를 거절하는 것으로, 주의 이런 은총을 저버린다는 뜻이다. "멸망" 은 완전한 파멸, 곧 그리스도와 함께 거하지 못하고 그분에게서 분리되는 것을 뜻한다.

"그 날에 주님께서 오시면, 자기 성도들에게서 영광을 받으시고, 모든 믿는 사람에게서 놀랍게 여김(찬사)을 받으실 것이다. (여러분은, 우리가 여러분에게 전한 증거를 믿었다.)" (10절) 그리스도께서 다시 오실 때 성도들은 영광스러운 그분의 모습을 보고 감격하여 찬양을 드릴 것이다.

"그러므로 우리가 언제나 여러분을 위하여 기도한다. 그것은 우리 하나님께서 여러분을 그의 부르심에 합당한 사람이 되게 해 주시며 또 그의 능력으로 모든 선을 기뻐함(선한 뜻과 목적)과 믿음의 행위(*ergon*, work, 일)를 이루어 주시기를 빈다." (11절) "모든 선을 기뻐함" (*pasan eudokian agathosynes*, every good pleasure of goodness)은 선한 일을 하고자 하는 마음을 가리킨다.

"이렇게 해서 우리 하나님과 주 예수 그리스도의 은혜로 우리 주 예수의 이름이 여러분에게서 영광을 받고, 여러분도 그리스도 안에서 영광을 받게 하려는 것이다." (12절) 성도는 주님의 영광을 위해 존재한다. 이 모두 주님의 은혜이다.

제2장 종말 전에 있을 징조들, 바울의 권면과 기도

1. 종말 전에 있을 징조들(1-12절)

"형제 여러분, 우리 주 예수 그리스도의 강림과 우리가 그분 앞에 함께 모이는 것에 대하여 말하겠다."(1절) "강림"(*parousia*, coming)은 그리스도께서 다시 오시는 것을 말하고, "그분 앞에 함께 모이는 것"(*hemon episynagoges*, our gathering together)은 주께서 재림하실 때 성도들이 함께 들려져 공중에서 그리스도를 만나는 것을 말한다. 바울은 교인들에게 이에 관해 말하고자 한다.

"영으로나 또는 말로나 또는 우리에게서 받았다 하는 편지로나 주의 날이 이르렀다고 해서 쉽게 마음이 흔들리거나 두려워하거나 하지 말아야 한다는 것이라."(2절) 여러분은 하나님에게서 계시나 특별한 말씀을 받았다거나 우리가 보냈다는 위조 편지를 가지고 있는 사람들이 주님의 날이 벌써 왔다고 하더라도 흔들리거나 두려워하지 말라.

"영으로나"(by spirit)는 "하나님의 계시를 받았다는 예언으로나"를 말한다. "말로나"(by word)는 특별한 말씀을 받았다고 하는 것을 말한다. "편지로나"(by letter)는 바울이 보냈다며 그리스도께서 곧 오신다는 편지를 가리킨다. 그러나 3절에서 그와 같은 것들은 다 헛소문임을 밝히고 있다.

"누가 어떻게 하여도 너희가 미혹되지 말라 먼저 배교하는 일이 있고 저 불법의 사람 곧 멸망의 아들이 나타나기 전에는 그 날이 이르지 아니하리니."(3절) 누가 뭐라 해도 속지 말라. 주님의 날이 오기 전에 먼저 하나님을 배반하는 일이 생기고 멸망의 아들인 무법자가 나타날 것이다.

불법의 사람(the man of lawlessness), 곧 멸망의 아들(the son of des-truction)은 종말에 나타날 신앙의 적대자, 곧 적그리스도를 말한다. 이는 하나님의 율법에 정반대로 나아가는 자로 멸망이 예비 되어 있다. "불법의 사람"은 적그리스도의 성격을 나타내고, "멸망의 아들"은 그의 말로를 나타낸다.

"그는 대적하는 자라 신이라고 불리는 모든 것과 숭배함을 받는 것에 대항하여 그 위에 자기를 높이고 하나님의 성전에 앉아 자기를 하나님이라고 내세우느니라."(4절) 그는 소위 말하는 신들과 예배 대상이 되는 모든 것을 대적하여 그 모든 것 위에 자기를 높이고 심지어 하나님의 성전에 앉아서 자기가 하나님이라고 주장할 것이다.

"내가 너희와 함께 있을 때에 이 일을 너희에게 말한 것을 기억하지 못하느냐."(5절) 내가 여러분과 함께 있을 때 이런 것들에 대해 말한 적이 있는데, 기억하기 바란다는 말이다.

"너희는 지금 그로 하여금 그의 때에 나타나게 하려 하여 막는 것이 있는 것을 아나니."(6절) 그가 제때에 나타나도록 하기 위해 현재 그를 막고 있는 것이 무엇인지 여러분은 알고 있다. 그자가 지금은 억제를 당하고 있지만, 그의 때가 오면 나타날 것이라는 말이다. 그렇다면 "막는 것"(*to katechon*, that which is restraining)은 무엇일까? 이것을 놓고 일찍이 그것은 로마제국, 사단, 바울의 선교사역, 세속의 법질서 등 여러 가지가 언급되었으나 이러한 억제에 있어서 초자연적인 능력을 발휘할 수 있는 이는 성령님이시기 때문에 "막는 자"는 성령이 가장 타당성이 있다. 그 자가 제 때에 나타나도록 성령님이 막고 계신다는 말씀이다.

"불법의 비밀이 이미 활동하였으나 지금은 그것을 막는 자가 있어 그 중에서 옮겨질 때까지 하리라."(7절) 불법의 비밀(*mysterion*, mystery, 세력)이 벌써 작동하고 있다. 다만, 억제하시는 분(성령님)이 물러나실 때까지는, 그것을 억제하실 것이다. "불법의 비밀"은 불법의 사람인 적그리스도의 사주를 받고 있는 악의 세력을 말한다. "그 중에서 옮겨질 때까지"는 성령의 사역이 그리스도의 재림 때에 종결된다는 것을 보여준다. 성령께서 그리스도의 재림 때까지 성도들 속에서 역사함으로써 사단의 활동을 저지하신다.

"그 때에 불법한 자가 나타날 것이나 주 예수님이 다시 오셔서 자신의 입김과 영광의 광채로 그 무법자를 죽여 없애 버리실 것이다."(8절) "그 때에"(*tote*, then), 곧 막는 자가 없어지면 적그리스도가 노골적으로 자기 모습을 드러낼 것이다. 그러나 그 때 예수님께서 재림하셔서 적그리스도를 멸하신다.

"악한 자의 나타남은 사탄의 활동을 따라 모든 능력과 표적과 거짓 기적과 불의의 모든 속임으로 멸망하는 자들에게 있으리니 이는 그들이 진리의 사랑을 받지 아니하여 구원함을 받지 못함이라(9, 10절) 그 악한 자, 곧 불법자의 나타남은 사단의 작용에 따른 것인데, 그는 온갖 거짓된 기적과 놀라운 일을 보이며 멸망할 사람들에게 갖은 속임수를 다 쓸 것이다. 그들은 진리를 사랑하지 않으므로 구원을 받지 못해 결국 멸망하고 만다.

사단은 자신의 도구가 될 악한 자, 곧 불법의 사람에게 기적과 이적을 일으킬 수 있는 힘을 부여한다. 이 불법의 사람은 온갖 거짓 능력과 기적, 속임수를 다 동원하면서 마지막 때 악의 무리의 총수로서의 역할을 감당한다. 이 자는 사단과는 구별된다. 하지만 그들은 망하고 만다. 여기서 "거짓"(*pseudous*, falsehood)은 "능력", "표적", "기적" 등에 모두 걸리는 명사로 보아 "모든 거짓의 능력과 표적과 기적"으로 번역하는 것이 좋다.

"이러므로 하나님이 미혹의 역사(a working of delusion)를 그들에게 보내사 거짓 것을 믿게 하심은 진리를 믿지 않고 불의를 좋아하는 모든 자들로 하여금 심판을 받게 하려 하심이라."(11, 12절) 그러므로 하나님께서는 미혹하게 하는 힘(세력)을 그들에게 보내셔서 그들로 하여금 거짓을 믿게 하신다.

그것은 진리를 믿지 않고 불의를 기뻐한 모든 사람들을 심판하시려는 것이다.

2. 바울의 권면과 기도(13-17절)

“그러나 주님의 사랑을 받는 형제 여러분, 우리는 여러분을 생각할 때마다 하나님께 감사하지 않을 수 없다. 하나님께서는 처음부터 여러분을 택하여 성령으로 거룩하게 하시고 진리를 믿어 구원을 받게 하셨다.”(13절) 바울은 데살로니가 교인들을 택하신 것에 대해 하나님께 감사드린다. 택함을 입었다는 증거는 성령에 의한 성결과 진리에 대한 믿음을 주셔서 거짓 속임수에 넘어가지 않았다는 데 있다.

“하나님이 이렇게 우리가 전하는 기쁜 소식을 통해 여러분을 부르신 것은 우리 주 예수 그리스도의 영광에 여러분이 참여하도록 하기 위한 것이다.”(14절) “그러므로 형제들아 굳건하게 서서 말로나 우리의 편지로 가르침을 받은 전통을 지키라.(15절) “전통”(*paradoseis*, traditions)은 바울이 가르친 복음의 진리를 가리킨다.

“우리 주 예수 그리스도와 그리고 우리를 사랑하시고 은혜로 우리에게 영원한 위로와 좋은 희망을 주신 하나님 우리 아버지께서 여러분을 위로하시고 강하게 하셔서 언제나 선한 일을 하고 선한 말을 하게 하시기를 기도한다.”(16, 17절) “위로”(*paraklesin*, comfort)는 단순한 위로 차원을 넘어 위로받는 자를 강건케 한다는 개념까지 포함한다. 바울은 신앙 때문에 고통당하는 데살로니가 성도들을 하나님께서 위로해주시기를 기도한다.

제3장 기도의 부탁, 게으름에 대한 경고, 끝맺음 인사

1. 기도의 부탁(1-5절)

"마지막으로 형제자매 여러분, 주님의 말씀이 여러분에게 퍼진 것과 같이 각처에 속히 퍼져서 영광스럽게 되도록 우리를 위해서 기도해 주기 바란다." (1절) "주의 말씀"(the word of the Lord)은 바울 일행이 전한 복음을 가리킨다. 데살로니가에 복음이 신속하게 전파되어 많은 사람이 믿게 된 것처럼 고린도나 다른 지역에서도 복음이 빨리 전파될 수 있도록 기도해달라는 말씀이다. 전도자는 기도가 필요하다. "주의 말씀이 영광스럽게 되도록"은 바울 일행이 전한 복음을 사람들이 받아들여 믿게 되는 것을 말한다.

"또 우리가 부당하고 악한 사람에게서 벗어나도록 기도해 주기 바란다. 모든 사람이 다 믿는 것은 아니다."(2절) "부당하고"(*apoton*, perverse)는 문자적으로 자신이 서야 할 위치에 서지 못한 사람을 가리킨다. "심술궂은", "옳지 않은", "잘못된" 등의 뜻을 가지고 있다. "악한 자"(evil men)는 참된 신앙인을 핍박하고 복음을 방해하는 자들이다. 전도 현장에서 부딪히는 여러 난관 중 하나이다. 많은 무리들이 주를 믿지 않고 대적하기 때문이다.

"그러나 주님은 신실하신 분이시므로 여러분을 굳세게 하시고 악한 사람에게서 지켜 주실 것이다."(3절) 고린도 전도에서 방해를 받고 있는 상황에서 바울은 이제는 자신과 비슷한 상황에서 어려움을 겪고 있는 데살로니가 성도들을 기억하며 하나님께서 그들에게 힘을 주시고, 악한 세력으로부터 보호해 주실 것을 확신한다. 성도들에게는 박해를 받아도 굽히지 않는 확고한 신앙이 필요하다.

"우리가 명령한 것을 여러분이 지금도 실천하고 있으며 앞으로도 그렇게 하리라는 것을 우리는 주님 안에서 확신한다."(4절) "주께서 너희 마음을 인도하여 하나님의 사랑과 그리스도의 인내에 들어가게 하시기를 원하노라"(5절) 주님께서 여러분의 마음을 인도하셔서 여러분이 하나님께서 사랑하시는 것과 같이 사랑하고 그리스도께서 인내하시는 것과 같이 인내하기를 바란다. 그리스도의 인내(*hypomonen*, perseverance, endurance)는 우리에게 구원을 주시기 위해 고통과 수치를 참으신 십자가의 인내를 가리킨다. 그 인내를 본받아 신앙으로 인해 받는 고통을 이기고, 그리스도의 재림을 기다리라는 말씀이다.

2. 게으름에 대한 경고(6-15절)

"형제자매 여러분, 우리는 우리 주 예수 그리스도의 이름으로 여러분에게 명령한다. 게으르게 살고 우리에게서 받은 전통을 따르지 않는 모든 신도를 멀리하라."(6절) "게으르게"(*ataktos*, idly)는 "무절제하게"로, 사회질서를 받아들이지 않고 성도의 교제를 멀리하며 복음에 합당하지 않은 삶을 가리킨다. "우리에게서 받은 전통(*ten paradosin*, the tradition)"은 바울이 전하여 준 바 교리와 교훈을 말한다. "누구든지 일하기 싫어하거든 먹지도 말게 하라"는 10절의 말씀도 그 가운데 하나이다.

"우리를 어떻게 본받아야 하는지는 여러분이 잘 알고 있다. 우리는 여러분 가운데서 무질서하게(*etaktesamen*, irresponsible, undisciplined, disorderly) 생활을 한 일이 없다."(7절) 무책임하고, 무절제하게 산 일이 없다. "아무에게도 공밥을 얻어먹지 않았다. 오히려 우리는 여러분에게 짐이 되지 않으려고 밤낮 수고하며 열심히 일했다."(8절) 바울은 자신의 생계비를 다른 사람에게 의존하지 않으려 애썼다. 바울 일행은 생업을 갖고 스스로 생활비를 조달하면서 전도했다. 바울의 생업은 천막을 짜는 일이었다.

"우리가 여러분에게 도움을 받을 권리가 없어서 그렇게 산 것이 아니라 여러분이 우리를 본받게 하려고 몸소 모범을 보인 것이다."(9절) 이 권리(*exousian*, right)는 사도로써 생활 보조를 받을 수 있는 권리를 말한다. 바울은 이 권리가 있음에도 불구하고 자기희생의 사랑과 근면의 중요성을 가르치기 위해 손수 수고하였다.

"우리가 여러분과 함께 있을 때에 '일하기를 싫어하는 사람은 먹지도 말라' 고 가르쳤다."(10절)

"그런데 여러분 가운데 게을러서 아무 일도 하지 않고 돌아다니며 일을 만들기만 하는 자들이 있다는 말을 들었다."(11절) "일만 만들기만 하는 자들"(*periergazomenous*, busybodies)은 다른 사람의 문제에 끼어들어 문제를 일으키는 사람을 말한다.

"그러므로 우리는 주 예수 그리스도의 이름으로 이런 사람들에게 명령하며 권한다. 조용히 일해서 자기가 먹을 것을 자기가 벌어서 먹으라."(12절) 조용히 일하며 자기 생활비를 벌어서 살도록 하라. 스스로 일하여 얻은 소득으로 살고 남에게 폐를 끼치지 말라. "조용히 일하여"(with quietness working)는 침착하게 자기의 할 일을 하라는 말씀이다.

"형제 여러분, 선을 행하다가 낙심하지 말라."(13절) 재림을 기다리는 자로서 최선의 태도는 끊임없이 선한 일을 하며 끝까지 낙심하지 않는 것이다. 가르침을 따르지 않는 자들이 아무 것도 하지 않으면서 재림을 맞으려는 것과는 대조된다.

"누가 이 편지에 담긴 우리의 말에 복종하지 아니하거든 그 사람을 특별히 조심하여 그와 사귀지 말라. 그리하여 그로 하여금 부끄러움을 느끼게 하라.

그러나 그를 원수처럼 여기지 말고, 형제자매에게 하듯이 타이르라."(14, 15절)

이 구절은 불순종하는 자에 대한 처리 방법과 자세를 보여준다. 특별히 그런 사람을 사귀지 말고, 그로 하여금 부끄러움을 느끼게 하되, 권면을 계속하라는 것이다. 그리고 그를 원수처럼 생각하지 말고 형제로 여겨야 한다는 것이다. 끝까지 사랑을 잃지 않는 자세를 잃지 말라는 말씀이다.

3. 끝맺음 인사(16-18절)

"평강의 주께서 항상 모든 일에 여러분에게 평안을 주시기를 바라며 여러분 모두와 함께 계시기를 기도한다."(16절) "평강의 주"는 "평화의 하나님"을 뜻한다.

"나 바울이 친필로 문안한다. 이것이 모든 편지에 서명하는 표(*semeion*, sign)요, 내가 편지를 쓰는 방식이다."(17절) 바울은 안질 등의 병을 가지고 있어서 그의 편지 대부분을 받아 적게 하였다. 하지만 몇 절은 자신이 친히 기록하여 표시(증거)를 남김으로써 이 편지가 자신의 편지임을 입증했다(고전 16:21). 그가 이렇게 한 것은 바울의 편지를 위장한 다른 거짓 편지(살후 2:2)의 위험을 미리 막고자 한 것이다.

"우리 주 예수 그리스도의 은혜가 너희 무리에게 있을지어다."(18절) 바울은 끝으로 예수 그리스도의 은혜(charis, grace)가 데살로니가 성도 모두에게 있기를 빌었다. 우리에게 언제나 필요한 것은 주님의 은혜이다. 주님의 은혜 없이는 살 수 없기 때문이다.

1, 2 Timothy

디모데전 · 후서

디모데전서

제1장 바울의 인사, 거짓 가르침에 대한 경계, 선배 사역자로서의 간증과 권면

1. 바울의 인사(1-2절)

1-2절은 바울의 인사말로, 당시의 서신 형식을 따라 발신자, 수신자, 인사의 순서로 되어 있다.

"우리 구주 하나님과 우리의 소망이신 그리스도 예수의 명령을 따라 그리스도 예수의 사도 된 바울은 믿음 안에서 참 아들 된 디모데에게 편지하노니 하나님 아버지와 그리스도 예수 우리 주께로부터 은혜와 긍휼과 평강이 네게 있을지어다."(1, 2절)

발신자인 바울은 자신을 가리켜 "우리 구주이신 하나님과 우리의 희망이신 그리스도 예수님의 명령으로 그리스도 예수님의 사도(*apostolos*, an apostle)가 되었다"고 했다. 먼저 자신의 사도직의 기원을 밝힌 것이다. 그는 자신이 사도가 된 것은 자신의 뜻이 아니라 그리스도 예수의 명령에 따른 것이었음을 강조하였다.

나아가 수신자인 디모데를 가리켜 “참 아들(*gnesio tekno*, my true child) 된 디모데”라 하였다. 디모데는 바울의 제1차 전도여행 때 바울의 전도를 받고 회심하여 바울의 동역자가 된 믿음의 아들이다. 그에게 하나님 아버지와 우리 주 그리스도 예수님의 은혜와 자비와 평안이 함께 하기를 기도했다.

“은혜”(*charis*, grace)는 죄로 물든 인간을 용서하는 하나님의 사랑을 말한다. 이 은혜가 없다면 인간은 구원 받을 수도 없고, 아무도 의로울 수 없다. “긍휼”(*eleos*, mercy)은 “불쌍히 여김”, “자비”로, 곤경에 처해 있거나 비참한 지경에 빠져 있는 자에게 베푸시는 하나님의 사랑이다. “평강”(*eirene*, peace)은 그리스도를 통해 하나님과 바른 관계를 가졌을 때 하나님이 주시는 평안을 가리킨다.

3. 거짓 가르침에 대한 경계(3-11절)

3-11절은 당시 에베소 교회의 거짓 가르침, 곧 영지주의의 이단적 선생들에 대해 경고하고 있다. 4:1-8, 6:3-5, 20-21에서도 다루고 있다.

“내가 마게도냐로 갈 때에 너를 권하여 에베소에 머물라 한 것은 어떤 사람들을 명하여 다른 교훈을 가르치지 말며.”(3절) 내가 마케도니아로 갈 때 부탁한대로 그대는 에베소에 머물면서 누구든지 다른 교훈을 가르치지 못하게 하라는 것이다.

“마게도냐로 갈 때에.” 이 사건은 사도행전에 기록되어 있지 않다. 하지만 사도행전 20장 이후의 첫 번째 로마 감옥생활과 두 번째 감옥생활 사이에 있었던 사건으로 보인다. 마케도니아는 로마의 소속된 지방의 하나로, 그 중심지는 데살로니가였다. “에베소에 머물라 한 것”은, 당시 에베소 교회가 세워져 있었음을 보여준다. 바울은 제3차 전도여행 때 이곳에 복음을 전했다.

"다른 교훈"(other doctrines)은 다른 교리나 다른 복음으로, 바울이 전하는 복음과는 반대되는 거짓 가르침을 말한다. 여기서는 유대주의와 헬라사상이 혼합된 유대주의적 영지주의(gnosticism)로, 거짓된 교리를 가르쳤고(1:3, 6:3), 구약율법의 선생이 되고자 했으며(1:7), 망령되고 허탈한 신화와 끝없는 족보를 강조했다(1:4, 4:7). 그들은 자신들이 말하는 것을 알지 못했고 논쟁적이었으며(1:7, 6:4), 무의미한 말을 했고(1:6), 금욕주의를 가르쳤으며(4:3), 사욕을 위해 가르쳤다(6:5).

"신화와 끝없는 족보에 몰두하지 말게 하려 함이라 이런 것은 믿음 안에 있는 하나님의 경륜을 이룸보다 도리어 변론을 내는 것이라."(4절) 신화나 끝없는 족보 이야기에 집착하지 못하게 하라. 그런 것은 무가치한 변론만 일으킬 뿐 믿음으로 구원을 받는 하나님의 경륜(계획)을 아는 데는 아무런 도움을 주지 못한다.

"신화"(*mythois*, myths)는 그리스와 로마의 영향을 받아 도시나 한 집안의 기원을 어떤 신에게까지 소급시키던 풍조를 의미한다. "끝없는 족보"(*aperantois genealogiais*, endless genealogies)는 유대인들이 이스라엘의 유명한 조상들에게 자신을 억지로 연결시켜 그것을 구원의 조건인양 내세우는 것을 말한다. 그들은 구약의 역사(족보)에 근거하여 복잡한 영지주의의 철학을 혼합시켜 신화적 이야기를 만들어냈다. 이에 반해 하나님의 "경륜"(*oikonomian*, plan, work, adminstration)은 하나님께서 각 시대에 따라 당신의 뜻을 이루기 위해 세우신 계획과 그 사역을 말한다.

5-7절은, 거짓교사들이 복음의 핵심인 사랑을 도외시한 채 권위주의에 이끌려 율법 선생의 노릇을 하려하고, 그들은 심지어 자신들이 무슨 얘기를 하는지 알지 못하고 있음을 지적하고 있다.

"이 교훈의 목적은 청결한 마음과 선한 양심과 거짓이 없는 믿음에서 나오는 사랑이거늘."(5절) 이 명령의 목적, 곧 나의 부탁은 성도들이 깨끗한 마음과 선한 양심과 거짓이 없는 믿음에서 나오는 사랑으로 생활하게 하라는 것이다. 이 사랑은 복음의 본질적 요소일 뿐 아니라 율법의 목표이다. 이런 사랑은 청결한 마음(pure heart)과 선한 양심(good conscience)과 거짓이 없는 믿음(sincere faith)에서 나온다. 그런데 어떤 이들은 이런 사랑을 갖지 못한 채 율법 선생이 되고자 한다. 그래서 문제가 된다.

"사람들이 이에서 벗어나 헛된 말에 빠져 율법의 선생이 되려 하나 자기가 말하는 것이나 자기가 확증하는 것도 깨닫지 못하는 도다."(7절) 그러나 어떤 사람들은 이런 생활에서 떠나(이런 목적에서 벗어나) 쓸데없는 토론(meaningless discourse)만 일삼고 있다. 그들은 율법의 선생(teachers of law, 율법교사)이 되고 싶어 하지만 자기들이 말하며 주장하는 것조차 깨닫지 못하고 있다. "율법의 선생"은 율법을 구원의 조건으로 내세우던 거짓교사를 말한다.

"그러나 율법은 사람이 그것을 적법하게만 쓰면 선한 것임을 우리는 아노라."(8절) 우리가 아는 대로 사람이 율법을 올바르게 사용한다면 그것은 좋은 것이다. "적법하게"(*nomimos*, lawfully)는 율법에서 죄를 깨닫고 회개하여 그리스도에게 돌아와서 성령을 의지하여 율법을 온전하게 따르는 생활을 말한다. 율법이 선하고 거룩하다는 사실은 로마서 7:7-12에 명시되어 있다. 율법이 인간을 구원하지 못한다는 것은 율법에 잘못이 있기 때문이 아니라 그 선한 율법을 지키지 못하는 인간의 연약성에 있다.

"그러나 율법은 의로운 사람을 위해 있는 것이 아니라 불법한 자(법을 어긴 사람), 거역하는 사람, 경건치 않은 사람, 죄인, 거룩하지 않은 사람, 망령된 자(하나님을 모독하는 사람), 부모를 죽이는 사람, 살인자, 음행하는 사람, 남색 하는 자(동성 연애하는 사람), 인신매매를 하는 자(유괴범), 거짓말 장이, 거짓 맹세하는 자(perjurers, 거짓 증언자), 그 밖에 건전한 교훈을 반대하는 사람을 위해 있는 것이다."(9, 10절) "불법한 자"(the lawless)는 율법을 모르는 자가 아니라 율법을 알면서도 그것을 무시해버리고 방종하며 사는 자를 말한다. "망령된 자"(the profane)는 신성한 것을 짓밟거나 거룩한 사상들을 비웃는 속된 자로, 하나님을 모독하는 자이다. "남색 하는 자"(homosexuals)는 남자끼리의 동성연애를 말한다. "인신매매를 하는 자"(enslavers)는 노예로 팔기위해 유괴하거나, 유대회당이나 로마 관청에 그리스도인들을 잡아서 넘겨주는 행위를 뜻한다.

"이 교훈은 내게 맡기신바 복되신 하나님의 영광의 복음을 따름이니라."(11절) 이 건전한 교훈은 복되신 하나님의 영광스러운 복음에 맞는 것이어야 하며 나는 이 복음을 선포할 업무를 맡은 사람이다.

3. 선배 사역자로서의 간증과 권면(12-20절)

12-17절에서, 바울은 과거 핍박자였던 자신에게 복음을 전하는 사도의 직분을 주신 그리스도의 은혜에 감사하고 있다.

"나를 능하게 하신 그리스도 예수 우리 주께 내가 감사함은 나를 충성되이 여겨 내게 직분을 맡기심이니."(12절) 나에게 능력(힘)을 주신 우리 주님께 내가 감사하는 것은 나를 충성스러운 사람으로 여겨 나에게 섬기는 직분을 맡겨 주셨기 때문이다.

"내가 전에는 비방자요 박해자요 폭행자였으나 도리어 긍휼을 입은 것은 내가 믿지 아니할 때에 알지 못하고 행하였음이라.(13절) 내가 전에는 비방자(blasphemer), 핍박자(persecutor), 난폭한(insolent) 사람이었다. 그러나 그것은 믿지 않을 때에 모르고 한 짓(불신앙에 오는 무지한 행동)이므로 하나님께서는 나를 불쌍히 여겨 주셨다. "비방자"는 거룩하신 자를 거룩하지 않다고 말하는 자(신성모독 자)이다.

"우리 주의 은혜가 그리스도 예수 안에 있는 믿음과 사랑과 함께 넘치도록 풍성하였도다."(14절) 주님께서 나에게 은혜를 넘치게 부어 주셔서, 그리스도 예수 안에서 얻는 믿음과 사랑을 누리게 하셨다.

"미쁘다 모든 사람이 받을 만한 이 말이여 그리스도 예수께서 죄인을 구원하시려고 세상에 임하셨다 하였도다 죄인 중에 내가 괴수니라(."15절) 여기에 모든 사람이 받아들여도 좋은 믿을 만한 말이 있다. 그리스도 예수님이 죄인들을 구원하시려고 세상에 오셨다는 것이 바로 그것이다. 나는 죄인 중에서도 두목(*protos*, the foremost)이다. "미쁘다"(*pistos*, trustworthy)는 "신실하다", "참되다"는 뜻이다.

"그런데도 하나님은 나를 불쌍히 여겨 주셨다. 그것은 예수 그리스도께서 나에게 철저하게 참으시는 인내를 보이심으로 후에 주님을 믿어 영원한 생명을 얻을 사람들에게 본보기로 삼기 위한 것이다."(16절) 하나님은 벌써 진노를 받아 마땅한 죄인 중의 괴수인 자신에게 인내로 긍휼을 베푸셨다. 그것은 앞으로 예수를 믿고 영생을 얻으려고 하는 사람들의 본보기(*hypotyposin*, example, pattern)로 삼으시려는 것이다.

"영원하신 왕 곧 썩지 아니하고 보이지 아니하고 홀로 하나이신 하나님께 존귀와 영광이 영원무궁하도록 있을지어다 아멘."(17절) 바울은 영원하신 왕, 곧 없어지지도 않고 보이지도 않는, 오직 한 분이신 하나님께 존귀와 영광이 영원무궁토록 있기를 빌었다. 바울은 이 기도를 통해 하나님의 영원성, 불변성, 불가시성, 유일성을 고백하였다.

18-20절에서 바울은 디모데에게 믿음의 선한 싸움을 싸울 것을 당부하고 있다.

"아들 디모데야 내가 네게 이 교훈으로써 명하노니 전에 너를 지도한 예언을 따라 그것으로 선한 싸움을 싸우며."(18절) 믿음의 아들 디모데야, 내가 전에 그대에 관해 말한 예언(*propheteias*, prophecies)에 따라 이것을 명령한다. 그대는 그 예언의 말씀으로 선한 싸움(good warfare)을 싸우라. 하나님은 초대교회에서 "예언"을 통해 다양하게 그의 뜻을 전하셨다. 여기에서 디모데에게 주어졌던 예언이란 그가 교역자로서 안수 받았을 때 받았던 교훈으로(딤전 4:14), 성령님에 의해 예언의 형태로 주어졌다.

"믿음과 착한 양심을 가지라 어떤 이들은 이 양심을 버렸고 그 믿음에 관하여는 파선하였느니라."(19절) 믿음과 선한 양심(good conscience)을 가지라. 어떤 사람들은 선한 양심을 버리고, 그 신앙생활에 파선을 당하였다. "파선하였느니라"(*enauagesan*, shipwrecked)는 문자적으로 배가 부서졌다는 것으로, 배가 부서져 수몰되어 잠기듯 믿음도 수장되어 완전히 영적 파멸에 이른 것을 말한다.

"그 가운데 후메내오와 알렉산더가 있으니 내가 사탄에게 내준 것은 그들로 훈계를 받아 신성을 모독하지 못하게 하려 함이라."(20절) 후메내오와 알렉산더가 바로 그런 사람들이다. 나는 그들을 사단에게 넘겨주어 다시는 하나님을 모독하지 못하도록 징계를 받게 했다.

"후메내오"(Hymenaeus)는 디모데후서 2:17, 18에 잘 나타나 있다. 그는 부활이 이미 지나갔다고 말함으로써 진리에서 멀리 떠났고, 다른 사람의 믿음을 무너뜨렸다. "알렉산더"(Alexander)는 디모데후서 4:14에 언급된 인물과 동일인으로 보이지만 그 진위는 알 수 없다. "사탄에게 내준 것"(handed over to Satan)은 출교(파문)를 말한다. 출교의 목적은 처벌보다 치유에 목적이 있다(고전 5:5, 13).

제 2장 기도에 관한 교훈, 교회에서 여자의 행동에 대한 교훈

1. 기도에 관한 교훈(1-8절)

"그러므로 내가 첫째로 권하노니 모든 사람을 위하여 간구와 기도와 도고와 감사를 하되."(1절) 사역자가 된 디모데에게 그 무엇보다 모든 사람을 위하여 하나님께 열심히 기도하며 감사하라고 한다. "간구"(*deeseis*, entreaties)는 특별한 제목(통절한 요망사항)을 두고 하는 기도를, "기도"(*proseuchas*, prayers)는 일반적인 기도(하나님을 향한 모든 형태의 경건한 아룀)를, "도고"(禱告, *enteuxeis*, intercessions)는 남을 위해 하나님께 간청하는 기도다.

도고에 대해서는 설명이 좀 더 필요하다. "도고"는 원래 "탄원하다"는 뜻으로, 다른 사람을 위한 기도를 말한다. 우리는 도고 대신 "중보기도"라는 말을 자주 한다. 그러나 정통기독교의 경우 우리의 중보는 오로지 예수님 한분이시기 때문에 엄밀한 의미에서 우리를 위한 중보기도는 예수님 만 하실 수 있다는 것이 기본적인 입장이다. 따라서 중보기도라는 단어를 사용할 때 신중할 필요가 있다.

우리나라에서 중보기도라는 단어가 크게 사용하게 된 것은 1990년대이다. 이 기도가 신학적으로 문제가 된 것은 2000년 장로회 총회 신학부가 "타인을 위한 기도를 중보기도라 함은 예수님의 대제사장적 중보사역을 약화시킬 우려가 없지 않다"며 중보기도 대신 이웃을 위한 기도라 하는 것이 합당하다는 보고서를 내놓으면서 부터다.

그로부터 중보기도 대신 어떤 단어가 합당한가에 대한 논의가 있어왔다.

주로 제시된 것이 도고다. 이 단어는 개역성경이 디모데전서 2:1에서 "도고"라는 단어를 사용한 데서 비롯된다. 그러나 도고라는 단어는 어렵고 생소해 실용화하기는 쉽지 않다. 나아가 표준새번역 등에서는 도고 대신 "중보"라는 단어로 사용함으로써 번역 상 혼란을 일으키기도 했다. 도고가 너무 생소하다면 쉽게 "다른 사람을 위한 기도", "이웃을 위한 기도"라 해도 좋다.

"임금들과 높은 지위에 있는 모든 사람을 위하여 하라 이는 우리가 모든 경건과 단정함으로 고요하고 평안한 생활을 하려 함이라."(2절) 왕들과 높은 자리에 있는 모든 사람들을 위해서도 기도하라. 그것은 안정되고 평온한 가운데서 경건하고 거룩한 생활을 하기 위한 것이다. 모든 자를 위한 기도에 왕이나 위정자들을 위한 기도도 빼놓아서는 안 된다는 말이다. 비록 왕이 기독교를 박해하고 진리에서 벗어난 자들이라 해도 그들이 구원을 받도록 기도해야 한다. 바울 당시 로마 황제는 네로로 기독교를 박해했다.

"경건"(*eusebeia*, godliness)은 바울의 목회서신에서 핵심적인 용어이다. "단정함"(*semnoteti*, dignity)은 정직하고, 존경받을만한 것을 말한다. "고요하고"(*eremon*, tranquil)는 외적인 장애가 없는 생활을 말한다. "평안한 생활"(*hesychion bion*, quiet life)은 내적인 근심이 없는 생활을 뜻한다.

"이것이 우리 구주 하나님 앞에 선하고 받으실 만한 것이니."(3절) 이것은 하나님께서 보시기에 좋은(good) 일이며, 기쁘게 받으실 만한(acceptable) 일이다. "이것"은 임금들과 높은 지위에 있는 모든 사람을 위하여 드리는 기도를 말한다.

"하나님은 모든 사람이 구원을 받으며 진리를 아는 데에 이르기를 원하시느니라."(4절) 하나님은 모든 사람이 구원받고 진리를 알게 되기를 원하신다. 이것이 하나님의 뜻이다. 하지만 구원받기를 거절하는 사람은 구원을 받지 못한다.

“하나님은 한 분이시요 또 하나님과 사람 사이에 중보자도 한 분이시니 곧 사람이신 그리스도 예수라.”(5절) 예수님이 하나님과 사람 사이에 한 분뿐인 중보자이시라는 말씀이다. “중보자”(*mesites*, mediator)는 “중간”을 뜻하는 “메소스”(*mesos*)에서 유래된 것으로, 인간의 범죄로 파괴된 하나님과 인간 사이의 관계를 회복하신(화해시킨) 그리스도를 가리킨다.

“그가 모든 사람을 위하여 자기를 대속물로 주셨으니 기약이 이르러 주신 증거니라.”(6절) 그리스도 예수님은 모든 사람을 구원하시려고 자신을 바쳤다. 이것은 하나님께서 때가 되어 약속을 이루신 증거이다. “대속물”(*antilytron*, ransom)은 십자가에 죽으심으로 대속한 사실을 가리킨다. 자기 목숨을 많은 사람의 대속물로 주는 것이 중보자의 구체적 사역이었다.

“이를 위하여 내가 전파하는 자와 사도로 세움을 입은 것은 참말이요 거짓말이 아니니 믿음과 진리 안에서 내가 이방인의 스승이 되었노라.”(7절) 나는 이것, 곧 복음을 전하기 위해 전도자와 사도로 임명을 받았으며 믿음과 진리 안에서 이방인의 스승이 되었다. 이것은 거짓말이 아닌 사실이다.

“그러므로 남자들은 화를 내거나 다투지 말고 어디서나 거룩한 손을 들어 기도하기 바란다.”(8절) 남자들에게는 분노와 다툼이 없이 기도할 것을 원했다.

2. 교회에서 여자의 행동에 대한 교훈(9-15절)

9-15절에서 바울은 여자들에게 선행과 순종을 권하고 있다. 이것은 하나님의 창조질서를 제시한 것이지 남녀불평등을 강조한 것이 아니다.

“또 이와 같이 여자들도 단정하게 옷을 입으며 소박함과 정절로써 자기를 단장하고 땋은 머리와 금이나 진주나 값진 옷으로 하지 말고.”(9절) 여자들은 머리를 지나치게 꾸미거나 귀금속과 비싼 옷으로 단장하지 말고 정숙하고 단정한 몸가짐을 하라. "단정하게"(*kosmio*, respectable)는 "적절하고 분수에 맞는"이란 뜻이다. "소박함"(*aidous*, modesty)은 예절의 한계를 벗어나는 것을 삼가는 것을 말한다. "정절"(*sophrosynes*, self-control)은 문자적으로 "자기 다스림"으로 "마음의 건전성"을 뜻한다.

"오직 선행으로 하기를 원하노라 이것이 하나님을 경외한다 하는 자들에게 마땅한 것이니라."(10절) 하나님을 섬기는 여자는 마땅히 선한 행실(good works)로 자기를 꾸며야 한다.

"여자는 일체 순종함으로 조용히 배우라."(11절) 여자는 조용히, 언제나 순종하는 가운데 배워야 한다. "여자가 가르치는 것과 남자를 주관하는 것을 허락하지 아니하노니 오직 조용할지니라."(12절) 바울은 여자가 공적으로 가르치는 위치에 서거나 남자를 주관하는 자리에 있어서는 안 된다고 보았다. 13, 14절은 그 이유를 설명하고 있다.

"이는 아담이 먼저 지음을 받고 하와가 그 후며 아담이 속은 것이 아니고 여자가 속아 죄에 빠졌음이라."(13, 14절) 여자가 더 나약하여 시험에 빠지며 흔들리기가 쉽기 때문이라는 것이다. 바울은 창조질서에 순응해야 할 것을 창세기의 두 내용에 근거하여 설명한다. 하나는, 아담이 먼저 지음을 받았다는 것이고(창 2:18), 다른 하나는 하와가 먼저 뱀의 유혹에 넘어갔다는 것이다(창 3:1-7). "속은 것"은 하와가 유혹에 넘어가 하나님이 금하신 선악과를 따먹은 사실을 가리킨다.

"그러나 여자들이 만일 정숙함으로써 믿음과 사랑과 거룩함에 거하면 그의 해산함으로 구원을 얻으리라."(15절) 하지만 여자들이 계속 믿음과 사랑과 거룩함으로 절제하며 살면 아이를 낳고 구원을 받을 것이다.

제3장 감독의 자격, 집사의 자격, 교회와 복음의 심오함

1. 감독의 자격(1-7절)

"미쁘다 이 말이여, 곧 사람이 감독의 직분(*episkopes*, overseership)을 얻으려 함은 선한 일을 사모하는 것이라 함이로다."(1절) 여기에 믿을 만한 말이 있다. 감독(overseer, bishop, elder)의 직분을 얻고자 하는 사람은 직분에 맞게 선한 일을 사모하는 인물이어야 한다는 것이다. 사도행전이나 베드로전서 등에서 감독과 장로 두 명칭은 같이 사용되고 있다. 초대 교회에서 감독은 장로와 같다. 장로는 직분이며, 그 사역의 내용은 감독이었다.

"그러므로 감독은 책망할 것이 없으며 한 아내의 남편이 되며 절제하며 신중하며 단정하며 나그네를 대접하며 가르치기를 잘하며."(2절) 바울은 이 구절에서 감독의 자격 중 일곱 가지를 제시하고 있다.

그리스도인뿐 아니라 사회 일반 사람들에게서도 비난 받을 만한 점이 없어야 하고, 한 아내의 충실한 남편이 되어 가정을 순결하게 보존해야 하고, 육신적 정욕에 지배당하지 않을 만큼 자기를 절제할 줄 알아야 하며, 매사에 조심하고 깊이 생각하며(근신하며), 외부로 나타나는 행동에 품위가 있어야 하고(단정하며), 이웃을 사랑하고(나그네를 대접하며), 가르침에 있어서 말과 행동이 다 모범을 보여주어야(가르치기를 잘 해야) 한다.

"술을 즐기지 아니하며 구타하지 아니하며 오직 관용하며 다투지 아니하며 돈을 사랑하지 아니하며."(3절) 이 구절은 감독의 조건 중 다섯 가지를 더하고 있다. 감독은 술을 좋아하거나 구타하는 일이 있어서는 안 되며 오히려 관용을 베풀고 다투지 말며 돈을 사랑하지 않아야 한다.

"자기 집을 잘 다스려 자녀들로 모든 공손함으로 복종하게 하는 자라야 할지며(사람이 자기 집을 다스릴 줄 알지 못하면 어찌 하나님의 교회를 돌보리요)."(4, 5절) 자기 가정을 잘 다스려 자녀들로 깍듯이 순종하게 하는 사람이어야 한다. 자기 가정을 다스릴 줄 모르는 사람이 어떻게 하나님의 교회를 돌볼 수 있겠는가.

"새로 입교한 자(recent convert, new believer, novice)도 말지니 교만하여져서 마귀를 정죄하는 그 정죄에 빠질까 함이요."(6절) 믿은 지 얼마 안 되는 사람이 감독이 되어서는 안 된다. 그렇게 되면 그가 교만해져서 마귀가 받은 것과 같은 심판을 받게 될 것이다. "마귀를 정죄하는 그 정죄"는 마귀에게 선언된 영원한 형벌을 말한다.

"또한 외인에게서도 선한 증거를 얻은 자라야 할지니 비방과 마귀의 올무에 빠질까 염려하라."(7절) 감독은 외인(those outside), 곧 교회 밖에 있는 불신자들에게도 좋은 평을 받아야 한다. 그래야 남에게 비난을 받지 않고 마귀의 함정에 빠지지 않을 것이다. 좋은 평판을 받지 못하는 자는 마귀의 간계에 쉽게 빠지기 때문이다.

2. 집사의 자격(8-13절)

"이와 같이 집사들도 정중하고 일구이언을 하지 아니하고 술에 인박히지 아니하고 더러운 이를 탐하지 아니하고."(8절) 집사들도 정중하고(신중하고, dignified) 한 입에 두 말을 하지 않으며(정직하며) 술을 좋아하지 않고 더러운 이익을 탐내지 않아야 한다.

"집사"(*diakonous*, deacons)는 문자적으로 "섬기는 자"를 뜻한다. 교회 직분 중 하나이다. 사도행전 6:1-6에서 일곱 집사를 임명한 것이 집사제도의 효시이다. (공동번역에서는 "보조자"로 번역했다.) 초대교회에서는 실무적인 일 처리와 구제 등을 담당했다. "인박힌다."는 것은 술을 지나치게 마시는 것을 말한다. 술에 절제가 있어야 한다.

"깨끗한 양심에 믿음의 비밀을 가진 자라야 할지니."(9절) "깨끗한 양심"(clear conscience)은 피로 씻은 양심이다. 이 양심을 가지면 불의, 거짓을 용납하지 않으며, 그런 일을 하게 되면 괴로워하고 고치고자 한다. "믿음의 비밀"(the mystery of the faith)은 16절의 "경건의 비밀"과 비슷하다. 그리스도에 의해 계시된 복음의 내용, 곧 그리스도를 통한 구원의 비밀이다. "믿음의 비밀을 가진 자"는 구원받은 비밀을 소유한 자이다. "나는 죄인이었으나 주의 피로 구원받아 하나님 나라의 백성으로 다시 태어난" 비밀이다. 이 비밀은 불신자가 알지 못하며, 이 비밀을 쉽게 전하기도 어렵다. 이 비밀을 가진 자는 병이 나도 경제적으로 곤궁한 가운데 있어도 평안할 수 있다. 비밀을 가졌기 때문이다.

"이에 이 사람들을 먼저 시험(test)하여 보고 그 후에 책망할 것이 없으면 집사의 직분을 맡게 할 것이요."(10절) 일정 기간의 검증과정을 충분히 거쳐 책망할 것이 없어야 한다. 하나님 말씀에 순종적이며 지도자로서 흠이 없는지 살핀다.

"여자들도 이와 같이 정숙하고 모함하지 아니하며 절제하며 모든 일에 충성된 자라야 할지니라."(11절) 여자들도 신중하며 험담하지 아니하며 절제하며, 모든 일에 성실한 사람이라야 한다. "여자들"(women)은 집사가 될 자들의 아내(ISV, 현대인의성경)를 가리킨다. 여 집사로 보기도 한다. "집사들은 한 아내의 남편이 되어 자녀와 자기 집을 잘 다스리는 자일지니"(12절). 집사 자격의 마지막 조건이다.

"집사의 직분을 잘한 자들은 아름다운 지위와 그리스도 예수 안에 있는 믿음에 큰 담력을 얻느니라."(13절) "아름다운 지위"(good standing)는 충성스럽게 봉사한 집사들에 대한 보상이다. "큰 담력"(great confidence, boldness)은 최선을 다했을 때 얻는 자신감이다. 집사의 직분을 잘 감당하면 영광을 받게 되고 신앙이 더 굳건해지는 축복을 받는다.

3. 교회와 복음의 심오함(14-16절)

"내가 속히 네게 가기를 바라나 이것을 네게 쓰는 것은 만일 내가 지체하면 너로 하여금 하나님의 집에서 어떻게 행하여야 할지를 알게 하려 함이니 이 집은 살아 계신 하나님의 교회요 진리의 기둥과 터니라."(14, 15절) 바울이 디모데전서를 쓰게 된 동기를 밝히고 있다. 자신의 방문이 혹시 늦어지더라도 교회에서 디모데가 해야 할 일, 곧 목회를 어떻게 해야 하는지 알려 주려는 것이다. 교회는 진리의 기둥이자 터이기 때문이다. "진리"(*aletheias*, truth)는 보편타당하며 영원불변한 것이다. 여기서 진리는 하나님과 그리스도에 의한 구속의 도리를 가리킨다. 진리가 인격화될 때 진리는 그리스도 자신을 가리킨다.

"크도다 경건의 비밀이여, 그렇지 않다 하는 이 없도다 그는 육신으로 나타난바 되시고 영으로 의롭다 하심을 받으시고 천사들에게 보이시고 만국에서 전파되시고 세상에서 믿은바 되시고 영광 가운데서 올려지셨느니라."(16절) 경건은 우리의 삶을 주께 헌신할 때 나타난다. 그 비밀이 16절에 소개된다. 그분은 육신으로 나타나시고, 성령으로 의롭다는 인정을 받으셨으며, 천사들에게 보이시고, 만국에 전파되셨으며. 세상이 그분을 믿었고, 그분은 영광에 싸여 들려 올라가셨다.

제4장 거짓 교사들에 대한 경계, 예수의 좋은 일꾼 디모데에게 주는 교훈

1. 거짓 교사들에 대한 경계(1-5절)

1-5절에서, 바울은 당시의 이단인 영지주의를 경계할 것을 다시 한 번 강조하고 있다.

"그러나 성령이 밝히 말씀하시기를 후일에 어떤 사람들이 믿음에서 떠나 미혹하는 영과 귀신의 가르침을 따르리라 하셨으니."(1절) 성령님은 훗날 어떤 사람들이 믿음을 버리고 속이는 영들과 귀신들의 가르침을 따를 것이라고 분명하게 말씀하셨다. "후일에"(in later times)는 마지막 때를 말한다. 끝날(딤후 3:1)은 재림이 임박한 때이나 본문의 "후일"은 저자가 살고 있는 그 시대까지 포함한 보다 광범위한 마지막 날을 가리킨다. "미혹하는 영"(deceitful spirit)은 "속이는 영"으로, 진리의 영과 대립되는 거짓의 영을 말한다. 귀신(demons)은 악마를 가리킨다. 귀신의 가르침은 사람들의 마음을 어둡게 하여 복음의 빛을 볼 수 없게 만드는 사단의 가르침이다.

"자기 양심이 화인을 맞아서 외식함으로 거짓말하는 자들이라."(2절) 이런 가르침은 양심이 마비된 거짓말하는 위선자들에게서 나오는 것이다. "화인"(seared with a hot iron)은 노예의 주인들이 노예의 이마에다 인을 쳐 자신의 소유임을 나타내고, 그들이 달아나지 못하게 하던 표시이다. 양심이 화인을 맞는다는 것은 양심이 무감각해져서 더 이상 양심의 가책이 없는 것을 말한다. "외식"(hypokris, hypocrisy)은 문자적으로 "연극을 하는 것"으로, 위선적인 행위를 말한다.

"혼인을 금하고 어떤 음식물은 먹지 말라고 할 터이나 음식물은 하나님이 지으신 바니 믿는 자들과 진리를 아는 자들이 감사함으로 받을 것이니라."(3절) 그들은 결혼을 못하게 하고 어떤 음식은 먹지도 못하게 한다. 그러나 음식은 믿는 사람들과 진리를 아는 사람들이 감사한 마음으로 먹으라고 하나님이 주신 것이다. 당시 이단인 영지주의는 금욕생활을 위해 결혼을 금하고, 어떤 음식, 곧 음주와 육식을 못하도록 하였다. 기독교는 이러한 금욕주의를 가르치지 않는다.

"하나님께서 지으신 모든 것이 선하매 감사함으로 받으면 버릴 것이 없나니."(4절) 하나님이 창조하신 것은 다 좋은 것이며 감사하는 마음으로 받으면 하나도 버릴 것이 없다. 이 말씀에는 하나님께서 지으신 모든 것이 선하다는 근본원리가 담겨있다. 이 세상은 하나님이 처음 창조하였을 때 보시기에 좋았다고 하실 만큼 선하였다(창 1:31). "하나님의 말씀과 기도로 거룩하여짐이라."(5절) 모든 것은 하나님의 말씀과 기도로 거룩해지기 때문이다. 음식물은 하나님께서 우리로 하여금 거룩한 삶을 살아가기 위해 주신 것이다.

2. 예수의 좋은 일꾼 디모데에게 주는 교훈(6-16절)

6-10절은 예수 그리스도의 선한 사역자가 될 것을 권면하고 있다.

"네가 이것으로 형제를 깨우치면 그리스도 예수의 좋은 일꾼이 되어 믿음의 말씀과 네가 따르는 좋은 교훈으로 양육을 받으리라."(6절) 네가 이런 교훈(1:1-4:5)을 형제들에게 잘 가르치면 그리스도 예수님의 훌륭한 일꾼이 될 것이며 그대 자신도 믿음의 말씀(the words of the faith, 구원을 얻는 복음)과 그대가 따르는 선한 교훈(the good teaching, 디모데가 어려서부터 받아온 성경적 교훈, 딤후 3:15-17)으로 양육을 받게 될 것이다. 선한 일군은 믿음의 말씀과 성경의 교훈으로 다른 사람들을 깨우치며 자신 또한 성장하게 된다.

“망령되고 허탄한 신화를 버리고 경건에 이르도록 네 자신을 연단하라.”(7절) 하나님을 모독하는 무가치한 신화를 버리고 경건한 사람이 되도록 훈련하라. 신성하지 못하고 진실치 못한 신화(profane, silly fables)를 물리치고 경건(*eusebeia*, godliness)에 힘을 기울이는 훈련을 하라는 말이다. “연단하라”(*gymnaze*, train)는 문자적으로 “벌거벗고 운동하다”, 곧 적극적으로 훈련하라는 것이다.

“육체의 연단은 약간의 유익이 있으나 경건은 범사에 유익하니 금생과 내생에 약속이 있느니라.”(8절) 몸을 단련시키는 것(bodily exercise)은 약간의 유익을 줄 뿐이다. 하지만 경건훈련은 모든 면에 유익하고, 이 세상과 장차 올 세상의 생명을 약속해 준다. 경건훈련은 보장된 약속, 곧 영생을 가져다 주므로 범사에 유익하다.

“미쁘다 이 말이여 모든 사람들이 받을 만하도다.”(9절) 이것은 모든 사람이 받아들여도 좋은 믿을 만한 말이다. “이를 위하여 우리가 수고하고 힘쓰는 것은 우리 소망을 살아 계신 하나님께 둠이니 곧 모든 사람 특히 믿는 자들의 구주시라.”(10절) 이것을 위해 우리가 수고하고 애쓰는 것은 우리의 희망을 살아 계신 하나님께 두었기 때문이다. 하나님은 모든 사람, 특별히 믿는 사람들의 구주(*Soter*, Savior)이시다.

11-16절은 교인들에게 명하고 가르쳐야 할 내용을 설명하고 있다. 특히 실생활과 믿음에 있어서 교인들의 모범이 될 것을 가르치고 있다.

“너는 이것들(*tauta*, these things)을 명하고 가르치라.”(11절) 경건의 연습을 하도록 하고, 금욕주의의 잘못된 것을 가르치라는 말씀이다. “누구든지 네 연소함을 업신여기지 못하게 하고 오직 말과 행실과 사랑과 믿음과 정절에 있어서 믿는 자에게 본이 되어.”(12절) 그대가 젊다는 이유로 아무도 그대를 업신여기지 못하게 하고 말(*logo*, speech)과 행동(*anastrophe*, conduct)과 사랑과 믿음과 순결(*hagneia*, purity)로 믿는 사람들에게 모범을 보이라.

"연소함"(*neotetos*, youth)은 본래 군대 갈 만큼 다 자란 나이에서 40세까지의 연령층을 말한다. 따라서 이 말은 37-40세 정도였던 디모데가 나이 많은 장로들에게 받을 수도 있는 경험과 연륜의 부족에 대한 비난을 빗대어 한 말이다. "사랑"(*agape*, love)은 거룩한 종교적 사랑으로, 목회자가 교인들을 대할 때 지녀야 할 기본적인 자세이고, "믿음"(*pistis*, faith)은 바른 교리에 대한 확신으로, 목회자가 하나님을 대할 때 지녀야 할 자세이다.

"내가 갈 때까지 열심히 성경을 읽고 권면하며 가르치기 바란다."(13절) "네 속에 있는 은사 곧 장로의 회에서 안수 받을 때에 예언을 통하여 받은 것을 가볍게 여기지 말며."(14절) 그대가 간직한 은혜의 선물을 소홀히 여겨서는 안 된다. 그것은 장로들의 모임에서 안수 받을 때 예언의 말씀을 통해 그대에게 주어진 것이다.

"장로의 회"(*tou presbyteriou*, the presbytery, the elderhood, the body of elders)는 본래 유대의 최고 권위 기관이며 사법기관인 산헤드린을 가리킨다. 여기서는 산헤드린을 계승하여 교회의 중대사를 논하고 성례전을 집행하던 장로들의 모임을 가리킨다(행 20:17). 성경에서 "안수"(the laying on the hands)는 죄의 전가를 상징하기 위해, 축복을 내릴 때, 치유를 행할 때, 성직 수임식 때 행해졌다. 구약에서 예언은 미래사에 관한 것이 많다. 신약의 예언은 성령의 능력으로 가르치며 설교하는 것을 주로 뜻한다.

"이 모든 일에 전심전력하여 너의 성숙함(*prokope*, progress), 곧 발전하는 모습을 모든 사람에게 보이라."(15절) "그대의 삶과 가르치는 일을 잘 살펴 꾸준히 그 일을 계속하라. 그러면 그대 자신과 그대의 말을 듣는 사람들을 다 구원하게 될 것이다."(16절) "살펴"(*epeche*, give heed)는 주의 깊게 보는 것을 뜻한다.

제 5장 성도들을 대하는 태도, 과부를 대하는 태도, 장로들을 대하는 태도

1. 성도들을 대하는 태도(1-2절)

"늙은이를 꾸짖지 말고 권하되 아버지에게 하듯 하며 젊은이에게는 형제에게 하듯 하고."(1절) 노인(*prebytero*, an elder)을 심하게 나무라지 말고 아버지 대하듯 권면하며 젊은이들(*neoterus*, the younger)을 형제처럼 대하라.

"늙은 여자에게는 어머니에게 하듯 하며 젊은 여자에게는 온전히 깨끗함으로(in all purity) 자매에게 하듯 하라."(2절) 나이 많은 여자들(*presbyteras*, elder women)에게는 어머니 대하듯 하고 젊은 여자들에게는 깨끗한 마음으로 대하라. 나이든 교인은 부모로 여겨 경의를 표하고, 젊은 교우는 형제나 자매처럼 대하라는 것이다.

2. 과부를 대하는 태도(3-15절)

"참 과부인 과부를 존대하라."(3절) 참 과부(*ontos cheras*, truly widows)는 자손이 없어 부양할 가족이 없는 여자로, 의지할 곳 없는 자를 말한다. 바울은 디모데에게 참 과부를 존대할 것을 가르치고 있다. "존대하라"(*tima*, honor)는 공경하고, 귀히 여기라는 말이다.

"만일 어떤 과부에게 자녀나 손자들이 있거든 그들로 먼저 자기 집에서 효를 행하여 부모에게 보답하기를 배우게 하라 이것이 하나님 앞에 받으실 만한 것이니라."(4절) "효를 행하여"(*eusebein*, be devout)의 문자적 뜻은 "경건을 보이다"라는 것이다. 이것은 경건의 연습과 상통하고 있음을 보여준다.

"참 과부로서 외로운(*memonomene*, being left alone) 자는 하나님께 소망을 두어 주야로 항상 간구와 기도를 하거니와."(5절) 참 과부로서 의지할 데가 없는(홀로 사는) 이는, 하나님께 소망을 두고, 밤낮으로 끊임없이 간구와 기도를 드린다.

"향락을 좋아하는 자는 살았으나 죽었느니라."(6절) 그러나 세상의 향락에 빠져있는 과부는 살아 있으나 사실 죽은 거나 다름이 없다. "향락"(*spatalosa*, self-indulgence, live in pleasure, wanton pleasure)은 호색과 사치를 뜻하는 "spatale"에서 나온 말이다. 방탕한 생활을 뜻한다. 향락을 좋아하는 자는 영적으로 죽은 자이다(마 8:22). 믿음이 없는 자는 육체적으로는 살아있지만 영적으로 죽어있다(계 3:1).

"네가 또한 이것을 명하여 그들로 책망 받을 것이 없게 하라."(7절) 앞의 명령을 그들에게 잘 가르쳐 그들이 잘못에 빠지지 않게 하라.

"누구든지 자기 친족 특히 자기 가족을 돌보지 아니하면 믿음을 배반한 자요 불신자보다 더 악한 자니라."(8절) 누구든지 자기 친척, 특히 자기 가족에 대한 의무를 태만히 한 자는 이미 믿음을 저버린 사람이며 믿지 않는 사람보다 나쁜 사람이다.

"과부로 명부에 올릴 자는 나이가 육십이 덜 되지 아니하고 한 남편의 아내였던 자로서(9절) 과부의 명단에 올릴 진정한 과부는 나이가 60세 이상으로 한 남편의 아내였어야 한다.

"선한 행실의 증거가 있어 혹은 자녀를 양육하며 혹은 나그네를 대접하며 혹은 성도들의 발을 씻으며 혹은 환난 당한 자들을 구제하며 혹은 모든 선한 일을 행한 자라야 할 것이요."(10절) 참 과부는 한 마디로 선한 행실의 증거가 있는 자, 곧 선한 행실로 잘 알려진 사람이어야 한다. 다시 말해서 자녀를 잘 기르고 나그네를 잘 대접하며 성도들에게 봉사하고 어려움을 겪는 사람들을 도우며 온갖 선한 일에 몸 바쳐 일한 사람이어야 한다. 발을 씻기는 일은 비천한 일이기는 하지만 당시에는 길에 먼지가 많고 샌들을 신었기 때문에 필요한 일이었다(요 13:14).

11-15절에서 육십 세 이하의 젊은 과부는 재혼하여 새로운 가정을 이룰 것을 권하고 있다.

"젊은 과부는 올리지 말지니 이는 정욕으로 그리스도를 배반할 때에 시집가고자 함이니." (11절) 젊은 과부(*neoteras cheras*, younger widows, 60세 이하)는 과부 명단에 올리지 말라. 그리스도를 거슬러 정욕에 이끌리면 재혼해 버릴 수 있기 때문이다.

"처음 믿음을 저버렸으므로 정죄를 받느니라." (12절) 그들은 처음 서약(*proten pistin*, first faith)을 저버렸기 때문에 비난을 받을 것이다. "처음 서약"은 중요한 영적 사업에 전념할 것을 맹세한 것을 말한다. 그렇게 하기로 서약까지 하고서 정욕에 사로잡혀 이전의 맹세를 저버렸기 때문에 정죄를 받는다.

"또 그들은 게으름을 익혀 집집으로 돌아다니고 게으를 뿐 아니라 쓸데없는 말을 하며 일을 만들며 마땅히 아니할 말을 하나니." (13절) 그들은 이 집 저 집 돌아다니면서 빈둥거리는 것을 익힐 것이다. 그들은 빈둥거릴 뿐만 아니라 험담을 하고(수다를 떨고), 남의 일에 참견하고(*periergoi*, busybodies), 해서는 안 되는 말을 할 것이다. "쓸데없는 말"(*phlyaroi*, gossips)은 남을 깎아내리고 헐뜯는 것을 말한다.

"그러므로 젊은이는 시집가서 아이를 낳고 집을 다스리고 대적에게 비방할 기회를 조금도 주지 말기를 원하노라." (14절) 그러므로 젊은 과부들은 재혼해서 자녀를 낳고 집안일을 돌보게 하여 우리 적대자(원수, 교인이 아닌 유대인이나 이방인)에게 비난의 기회(조소하거나 험담할 기회)를 조금도 주지 않게 하라. 젊은 과부는 재혼하라는 말씀이다.

"이미 사탄에게 돌아간 자들도 있도다." (15절) 이미 믿음을 버리고 사단을 따라간 과부들도 있다. 그리스도의 명령에 순종하지 않고 하나님의 이름을 더럽힌 자들도 있다는 것으로, 이것은 성적인 정욕을 참지 못하고 부정한 성관계를 하게 된 것을 가리킨다.

"만일 믿는 여자에게 과부 친척이 있거든 자기가 도와주고 교회가 짐 지지 않게 하라 이는 참 과부를 도와주게 하려 함이라." (16절) 어떤 여신도의 집안에 과부들이 있거든, 그 여신도가 그들을 도와주고, 교회에 짐을 지우지 않게 하라. 그래야 교회가 정말 의지할 이 없는 참 과부들을 도울 수 있을 것이다.

3. 장로들을 대하는 태도(17-25절)

17-18절에서는 장로들을 존경할 것을 권면하고 있다.

잘 다스리는 장로들은 배나 존경할 자로 알되 말씀과 가르침에 수고하는 이들에게는 더욱 그리할 것이니라(17절) 잘 다스리는 장로들(the well ruling elders)을 존경하고 특히 말씀과 가르치는 일에 수고하는 분들을 더욱더 존경하기 바란다.

"장로" (*presbyteros*, elder)는 문자적으로는 "연장자"라는 뜻이다. 구약에서는 각 지파의 어른인 장로와 각 마을의 대표인 장로가 있었다. 이들은 정치적, 종교적 문제를 처리하고 각종 주요사항을 결정했다. 신약에서는 이스라엘의 최고의결기구이자 입법기구인 산헤드린의 구성원 중 일부인 유대교 장로와 교회의 장로가 있었다. 교회의 장로는 각 교회의 감독으로 모임을 인도하고 회중을 가르쳤다.

"말씀"(*logo*, word)은 말씀 선포로, 모인 회중에게 말씀을 해석해주는 것을 말한다. "가르침"(*didaskalia*, teaching)은 젊은이와 질문자 등에게 가르쳐 교훈을 주는 것을 말한다. 장로들 가운데 이 일을 담당한 장로들을 더 귀히 여기고 존중하라는 것이다.

"성경에 일렀으되 곡식을 밟아 떠는 소의 입에 망을 씌우지 말라 하였고 또 일꾼이 그 삯을 받는 것은 마땅하다 하였느니라."(18절) 당시 유대인들은 평상시에는 소에게 망을 씌워 밭을 해치지 못하게 했다. 하지만 일하는 밭에서는 망을 씌우지 않고 곡식을 먹도록 했다. 마찬가지로 복음사역자들은 그 대가(wages)를 받을 권리가 있다.

19-22절은 장로에 대한 송사문제를 다루고 있다.

"장로에 대한 고발은 두세 증인이 없으면 받지 말 것이요."(18절) 교회에서 장로의 직위는 중요하기 때문에 이들이 송사에 걸리면 교회가 큰 타격을 입게 된다. 또한 무고히 중상모략을 당할 수도 있다. 따라서 장로에 대한 소송은 두세 증인을 세워 신중히 처리해야 한다.

"범죄한 자들을 모든 사람 앞에서 꾸짖어 나머지 사람들로 두려워하게 하라."(19절) 죄를 범한 사람들을 모든 사람(전체 회중) 앞에서 책망하여 다른 사람(죄를 지어 꾸짖음을 받는 자 이외의 회중)에게 경고가 되게 하라.

"하나님과 그리스도 예수와 택하심을 받은 천사들 앞에서 내가 엄히 명하노니 너는 편견이 없이 이것들을 지켜 아무 일도 불공평하게 하지 말며."(21절) 편견 없이 이것들을 지키고, 어떤 일이든지 공평하게 처리하라는 말이다. "택하심을 받은 천사들"(the elect angels)은 사단과 다른 천사들과 대비되는 선한 천사들을 가리킨다.

"아무에게나 경솔히 안수하지 말고 다른 사람의 죄에 간섭하지 말며 네 자신을 지켜 정결하게 하라."(22절) "경솔히 안수하지 말고" 이것은 장로의 안수에 관한 지시이다. 바울은 장로 후보자가 자격이 될 때까지는 안수하지 말라 하였다. "죄에 간섭한다"는 것은 다른 사람의 죄에 참여한다는 뜻이다. 죄 있는 사람을 안수하여 그 사람의 죄에 동참하거나 그의 죄를 방조하지 말라는 것이다. 아울러 바울은 디모데에게 자신을 지켜 깨끗한 생활을 하도록 당부했다.

23-25절은 디모데에게 사적인 권면을 하고 있다.

"이제부터는 물만 마시지 말고 네 위장과 자주 나는 병을 위하여는 포도주를 조금씩 쓰라."(23절) 바울은 디모데의 위장병을 생각하고 포도주를 약으로 쓸 것을 권고했다.

"어떤 사람들의 죄는 밝히 드러나 먼저 심판에 나아가고 어떤 사람들의 죄는 그 뒤를 따르나니."(24절) 어떤 사람들의 죄는 명백하게 드러나 먼저 심판을 받게 되지만 다른 사람들의 죄도 곧 드러나게 된다. 죄가 드러나는 방법은 여러 가지므로 장로 등을 안수할 때는 주의해야 한다. 어떤 사람은 처음부터 죄가 드러나지만 어떤 사람은 나중에 드러나기 때문이다.

"이와 같이 선행도 밝히 드러나고 그렇지 아니한 것도 숨길 수 없느니라."(25절) 이와 마찬가지로 착한 행실도 드러나게 마련이고, 드러나지 않은 것도 언제까지나 감추어져 있지는 못한다.

24절과 25절은 서로 연관된 구절이다. 직분에 적합한 사람인지 아닌지 조사하게 되면 결국 적합여부를 알 수 있게 된다는 말이다.

제 6장 상전에 대한 순복, 거짓교사들에 대한 교훈, 돈과 경건에 관한 교훈, 결론적인 개인 권면, 물질의 바른 사용에 대한 교훈, 최후의 권면과 맺는 말

1. 상전에 대한 순복(1-2절)

1-2절에서, 바울은 종들에게 그들의 주인을 공경하도록 가르치고 있다.

"무릇 멍에 아래에 있는 종들(*duloi*, slaves)은 자기 상전들(*despotas*, masters)을 범사에 마땅히 공경할 자로 알지니 이는 하나님의 이름과 교훈으로 비방을 받지 않게 하려 함이라."(1절) 모든 종들은 당연히 자기 주인을 존경해야 한다. 그래야만 하나님의 이름과 우리의 가르침이 비웃음을 사지 않을 것이다. "멍에 아래에 있는 종들"(slaves under a yoke)은 종의 멍에를 메고 있는 사람으로, 로마시대의 노예를 가리킨다. 당시 노예는 멍에를 맨 짐승처럼 혹독한 대우를 받았다.

"믿는 상전이 있는 자들은 그 상전을 형제라고 가볍게 여기지 말고 더 잘 섬기게 하라 이는 유익을 받는 자들이 믿는 자요 사랑을 받는 자임이라 너는 이것들을 가르치고 권하라."(2절) 믿는 주인을 모신 종들은 믿는 형제(*adelphoi*, brothers)라고 가볍게 여기지 말고 오히려 더 잘 섬겨야 한다. 이러한 섬김에서 유익을 얻는 이들(종의 봉사를 받는 주인)이 동료 신도요, 사랑하는 사람이기 때문이다. 믿는 상전을 둔 종은 교회 안에서 주인과 동등하다 하여 자기 직무를 등한시하지 말고 오히려 주 안에서 형제인 까닭에 더욱 힘써 봉사하라는 말씀이다.

2. 거짓교사들에 대한 교훈(3-5절)

3-5절은, 세 번째로 이단을 경계할 것을 지시하고 있다.

"누구든지 다른 교훈을 하며 바른 말 곧 우리 주 예수 그리스도의 말씀과 경건에 관한 교훈을 따르지 아니하면 그는 교만하여 아무 것도 알지 못하고 변론과 언쟁을 좋아하는 자니 이로써 투기(envy)와 분쟁(strife)과 비방(slander)과 악한 생각(evil suspicions)이 나며."(3, 4절) 그리스도 복음 이외에 다른 교훈(other doctrines)을 가르치거나 우리 주 예수 그리스도의 건전한 말씀과 경건에 관한 교훈을 따르지 않는 사람은 교만하다. 교만은 영적 무지의 결과이다. 진리와 경건에 관한 교훈을 거부하는 자는 자신의 맹목적 자만에 빠지게 된다. 그는 자신만이 구축한 세계에서 살기 때문에 하나님이 다스리는 세계와도 접촉할 수 없어 아무 것도 알지 못하는 자가 된다. 그들은 아무것도 알지 못하고 변론과 논쟁을 좋아한다. 그런데서 시기와 다툼과 모독하는 말과 좋지 못한 의심이 생긴다.

"마음이 부패하여지고 진리를 잃어 버려 경건을 이익의 방도로 생각하는 자들의 다툼이 일어나느니라."(5절) 마음이 부패해지고 진리를 상실하고 신앙을 이익의 수단(means of gain)으로 생각하는 사람들에게는 다툼이 그칠 날이 없다(constant frictions).

"마음이 부패하여지고 진리를 잃어 버려." 투기, 분쟁, 비방, 악한 생각 등은 마음이 부패하고 진리를 잃어버린 사람들의 열매이다. 판단력이 마비되면 진리를 잃어버리게 된다. 이단자들도 한 때 기독교의 진리를 알았지만 이제는 그 진리를 포기해버렸다. 그뿐 아니다. "경건을 이익의 방도로 생각"한다. 이것은 사욕을 채우기 위해 종교를 상업화하는 것을 말한다. 겉으로는 경건한 체 하고 종교심을 과시하며 자기들이 가르친 교훈에 대해 사례를 요구한다.

3. 돈과 경건에 관한 교훈(6-10절)

6-10절은 성도들에게 자족할 줄 아는 삶을 살도록 권면하고 있다.

"그러나 자족하는 마음(*autarkeias*, contentment)이 있으면 경건은 큰 이익이 되느니라."(6절) 자족할 줄 아는 사람에게는, 경건은 큰 이득(*megas porismos*, great gain)을 준다. 자족을 동반한 경건은 이익을 준다. 그러므로 경건한 믿음을 가지고 자신의 처지를 만족하라는 말씀이다.

"우리가 세상에 아무 것도 가지고 온 것이 없으매 또한 아무 것도 가지고 가지 못하리니."(7절) 우리는 아무것도 세상에 가지고 오지 않았으므로, 아무것도 가지고 떠나갈 수 없다. "우리가 먹을 것과 입을 것이 있은즉 족한 줄로 알 것이니라."(8절) 우리는 먹을 것(*diatrophas*, sustenance)과 입을 것(*skepasmata*, coverings), 곧 생활의 최저한도만 있어도 그것으로 만족해야 한다. 그리스도인은 최저한도의 물질로도 풍요함을 누릴 수 있어야 한다.

"부하려 하는 자들은 시험과 올무와 여러 가지 어리석고 해로운 욕심에 떨어지나니 곧 사람으로 파멸과 멸망에 빠지게 하는 것이라."(9절) 그러나 부자가 되기를 원하는 사람은, 유혹(*peirasmon*, temptation)과 올무(*pagida*, snare)와 여러 가지 어리석고도 해로운 욕심(many foolish and harmful desires)에 떨어진다. 이런 것들은 사람을 파멸과 멸망(*apoleian*, destruction)에 빠뜨린다. 마음을 부에만 치중하는 사람들은 손해만을 맛본다는 말씀이다. "파멸"(*olethron*, ruin)은 문자적으로 "죽음"을 뜻한다. 육체와 영혼이 완전히 파괴되어 죽음에 이르는 것을 말한다. 재물에 대한 억제할 수 없는 욕망은 사람을 패망시킨다. 하나님과 재물을 겸하여 섬길 수 없다.

"돈을 사랑함이 일만 악의 뿌리가 되나니 이것을 탐내는 자들은 미혹을 받아 믿음에서 떠나 많은 근심으로써 자기를 찔렀도다."(10절) 돈을 사랑하는 것이 온갖 악의 뿌리(*rhiza*, root)가 된다. 이것을 가지려고 열망하는 사람들이 믿음에서 떠나 방황하다가 많은 고통을 당하고 마음의 상처를 입는다.

"미혹을 받아"(have been seduced)는 선악을 분별하지 못하게 하는 속임수에 걸린다는 말이다. "많은 근심으로써 자기를 찔렀도다(have pierced)"는 많은 재물로 근심하게 되고 그 결과 마음의 고통을 당하게 된다는 뜻이다. 물욕은 평안을 앗아가고 근심과 걱정을 가져다준다.

4. 결론적인 개인 권면(11-16절)

11-16절에서, 바울은 마지막으로 디모데에게 믿음의 선한 싸움을 싸울 것을 권면하고 있다.

"오직 너 하나님의 사람아 이것들을 피하고 의와 경건과 믿음과 사랑과 인내와 온유를 따르며."(11절) 그러나 하나님의 사람인 너는 이런 것들(이단적 교훈과 돈을 사랑하는 위험)을 피하고 의와 경건과 믿음과 사랑과 인내와 온유함을 추구하라.

"믿음의 선한 싸움을 싸우라 영생을 취하라 이를 위하여 네가 부르심을 받았고 많은 증인 앞에서 선한 증언을 하였도다."(12절) 믿음의 선한 싸움(*ton kalon agona*, the good fight)을 싸우고 영원한 생명(*tes aioniou zoes*, the eternal life)을 굳게 잡으라. 이것을 위해 네가 부르심을 받았고, 많은 증인 앞에서 너의 신앙을 훌륭하게 고백하였다. 영생을 얻기 위해 믿음의 싸움을 싸우라 당부한다. 믿음은 경기와 같이 분투와 노력을 요구하기 때문에 바울은 이것을 싸움에 비유하였다. "믿음의 선한 싸움"은 의와 경건, 믿음과 사랑을 좇으며 사는 삶, 외적으로 패배할 듯이 보이지만 종국적으로 승리하는 내적인 싸움이다. "영생"은 하나님을 통해 갖게 되는 영원하고 거룩한 사랑과 평화의 생명이다.

13-14절은, 이 명령을 끝까지 지켜야 할 것을 강조하고 있다.

"만물을 살게 하신 하나님 앞과 본디오 빌라도를 향하여 선한 증언을 하신 그리스도 예수 앞에서 내가 너를 명하노니."(13절) 모든 것에 생명을 주시는 하나님 앞과 본디오 빌라도에게 훌륭한 신앙 고백으로 증거 하신 그리스도 예수님 앞에서 그대에게 명령한다. 바울은 예수님께서 절박한 위기에서도 빌라도의 권위에 눌리지 아니하고 담대히 말과 행동으로 진리를 선포하신 것을 상기시키며 디모데에게 강하게 명령하고 있다.

"본디오 빌라도"(Pontius Pilate)는 그리스도를 십자가에 못 박혀 죽도록 선고한 로마 총독이다. "선한 증언"(*ten kalen homologian*, the good confession)은 예수님이 본디오 빌라도에게 담대히 증거 하신 말씀(요 18:33-37, 19:10-11)을 가리킨다.

"우리 주 예수 그리스도께서 나타나실 때까지 흠도 없고 책망 받을 것도 없이 이 명령을 지키라."(14절) 우리 주 예수 그리스도께서 다시 오실 때까지 그대는 이 명령을 잘 지켜서 흠도 없고(*aspilon*, without stain) 책망할 것이 없는(*anepilempton*, above reproach) 완전한 사람이 되라. 보석의 흠집이 없어야 하는 것처럼 믿는 자는 죄나 실수가 없어야 한다는 말이다.

"기약이 이르면 하나님이 그의 나타나심을 보이시리니 하나님은 복되시고 유일하신 주권자(the blessed and only Sovereign)이시며 만왕의 왕(the King of kings)이시며 만주의 주(the Lord of lords)시요."(15절) 정한 때가 오면, 하나님이 그리스도를 나타나게 하실 것이다. 하나님은 찬양 받으실 분이시고, 오직 한 분이신 통치자이시며, 만왕의 왕이시고, 만주의 주이시다. "기약이 이르면"(in His times), 이것은 그리스도 재림의 때가 올 것을 가리킨다. 그리스도의 초림의 때도 하나님이 지정하셨듯이 그의 재림의 때 역시 하나님이 지정하셨다.

“오직 그에게만 죽지 아니함이 있고 가까이 가지 못할 빛에 거하시고 어떤 사람도 보지 못하였고 또 볼 수 없는 이시니 그에게 존귀와 영원한 권능을 돌릴지어다. 아멘.”(16절) 그분만이 영원히 죽지 않으시고 사람이 가까이 갈 수 없는 빛 가운데 계시며(in light dwelling) (빛에 거하시기 때문에) 아무도 보지 못하였고 볼 수도 없는 분이시다. 그분에게 존귀(*time*, honor)와 영원한 주권(*aionion kratos*, eternal dominion)이 있기를 빕니다(*ho*, to whom be). 아멘

5. 물질의 바른 사용에 대한 교훈(17-19절)

17-19절에서, 바울은 디모데에게 부자들로 하여금 선한 일을 하도록 지시하고 있다.

“네가 이 세대에서 부한 자들을 명하여 마음을 높이지 말고 정함이 없는 재물(the uncertainty of riches, anything as uncertain as riches)에 소망을 두지 말고 오직 우리에게 모든 것을 후히 주사 누리게 하시는 하나님께 두며.”(17절) 너는 이 세상의 부자들에게 교만하거나 곧 없어질 재물에 희망을 두지 말고 오직 하나님께 희망을 두라고 가르치라. 하나님은 우리에게 모든 것을 넘치게 주셔서 누리게 하신다. 부자들에게 물질보다는 하나님을 의뢰할 것을 가르치라는 것이다.

“선을 행하고 선한 사업을 많이 하고 나누어 주기를 좋아하며 너그러운 자가 되게 하라.”(18절) 그들에게 선을 행하고 선한 일에 부요하며(be rich in good works) 나눠 주기를 좋아하고 남의 어려움을 깊이 동정하는 사람이 되라고 가르치라. 또한 부자들에게 가진 물질을 구제나 선한 사업에 사용할 것

을 권면하고 있다.

"이것이 장래에 자기를 위하여 좋은 터를 쌓아 참된 생명을 취하는 것이니라."(19절) 이것이 그들의 장래를 위해 좋은 터(a good foundation)를 쌓는 것이며 그렇게 함으로써 그들은 영원한 생명을 얻게 될 것이다. "참된 생명"(life that is real)은 영생을 가리킨다.

6. 최후의 권면과 맺는 말(20-21절)

20-21절에서 바울은 최종적으로 이단의 거짓된 가르침을 경계하고 있다.

"디모데야 망령되고 헛된 말(irrelevant, empty speech/the pointless discussions/profane and vain babblings)과 거짓된 지식의 반론(the opposing arguments/contradictions)을 피함으로 네게 부탁한 것을 지키라."(20절) 거짓된 지식에서 나오는 모독적인 무가치한 잡담과 변론을 피하라. 속된 잡담을 피하고, 거짓 지식의 반대 이론(참된 복음과 반대되는 거짓 주장)을 물리치라. 네게 맡긴 일을 잘 지키고 실천하라. "거짓된 지식"(지식이라 말하지만 거짓된 것)은 이단인 영지주의를 말한다. 영지주의 이단자들은 사람이 지식(초월적인 지식)으로 인간이 구원을 얻을 수 있다고 주장하였다. 이것은 믿음으로 구원을 얻는다는 바울의 주장과 대립된다.

"이것을 따르는 사람들이 있어 믿음에서 벗어났느니라 은혜가 너희와 함께 있을지어다."(21절) 이런 지식을 가졌다는 사람들이 믿음에서 떠나고 말았다. 이 반대 이론을 내세우다가 믿음을 잃은 사람도 더러 있다는 말이다. 하나님의 은혜가 여러분과 함께 하기를 기도한다.

디모데후서

제1장 바울의 인사말, 디모데에 대한 감사, 디모데를 향한 부탁의 말

1. 바울의 인사말(1-2절)

1-2절은 바울의 인사말로, 당시 서신 형식을 따라 발신자, 수신자, 인사로 글을 시작하고 있다.

"하나님의 뜻으로 말미암아 그리스도 예수 안에 있는 생명의 약속대로 그리스도 예수의 사도 된 바울은." (1절) 발신자는 바울이다. "하나님의 뜻(*thelematos*, the will)으로 말미암아" (by the will of God), 곧 하나님의 뜻에 의해 자신이 사도가 되었음을 밝히고 있다. 또한 "생명의 약속대로." (according to the promises of life) 자신이 사도로 선택된 것은 바로 "생명의 약속(*epangelian*, the promise)", 곧 복음과 연관되어 있음을 말하고 있다. 그는 그리스도 안에서의 영원한 생명의 복음을 전하도록 택함 받았기 때문이다(롬 8:2, 골 3:4). 여기서 "생명" (zoe, life)은 그리스도 안에 있는 생명으로, 가장 완전한 생명이자 영원한 생명이다.

"사랑하는 아들 디모데에게 편지하노니 하나님 아버지와 그리스도 예수 우리 주께로부터 은혜와 긍휼과 평강이 네게 있을지어다."(2절) 바울은 수신인인 디모데를 "사랑하는 아들(*tekno*, child)"이라 했다. 육적으로 낳은 아들이 아니라 영적으로 낳은 아들이다. 디모데는 "하나님을 영화롭게 하는 사람"이라는 뜻을 가지고 있다. 하나님을 기쁘게 하는 효자라는 말이다. 지금은 선생 바울을 기쁘게 하는 영적인 아들로 인정받았다. 바울은 지금 복음 때문에 감옥에 갇혀있고, 죽음을 앞두고 있다. 이런 극한상황에서 디모데에게 편지를 쓰고 있다. 그리고 하나님 아버지와 우리 주 그리스도 예수께서 내려주시는 은혜(*charis*, grace)와 자비(*eleos*, mercy)와 평화(*eirene*, peace)가 그에게 있기를 빌었다.

2. 디모데에 대한 감사(3-5절)

"내가 밤낮 간구하는 가운데 쉬지 않고 너를 생각하여 청결한 양심으로 조상적부터 섬겨 오는 하나님께 감사하고."(3절) 나는 밤낮으로 기도를 할 때에 끊임없이 너를 기억하면서 하나님께 감사를 드린다. 나는 조상들을 본받아 깨끗한 양심으로 섬겨온 하나님께 감사드리고 있다.

"너를 생각하여"(*mneian*, remember)는 문자적으로 "기억하여"이다. 바울이 디모데의 모든 것을 기억하여 기도할 때마다 회상하여 간구했음을 보여준다. 디모데에 대한 바울의 깊은 애정을 볼 수 있다.

"조상적부터 섬겨 오는 하나님"은, 신약시대의 하나님에 대한 믿음이 구약시대의 하나님에 대한 믿음과 연결되어 있음을 보여준다. "청결한 양심"(*kathara syneidesei*, pure conscience), 곧 "깨끗한 양심"이다. 이 마음과 정성으로 섬겨온 하나님께 지금 감사하고 있다.

"네 눈물을 생각하여 너 보기를 원함은 내 기쁨이 가득하게 하려 함이니." (4절) 바울은 헤어질 때 디모데가 흘리던 그 진실어린 눈물(*dakryon*, tears)을 기억하며(행 20:37) 다시 만나기를 간절히 바라고 있다. 너를 만나게 되면 내 기쁨(*charas*, joy)이 넘치게 될 것이다. 눈물의 헤어짐이 다시 만날 기쁨을 기대하게 한다.

"이는 네 속에 거짓이 없는 믿음이 있음을 생각함이라 이 믿음은 먼저 네 외조모 로이스와 네 어머니 유니게 속에 있더니 네 속에도 있는 줄을 확신하노라." (5절) 나는 네 속에 있는 "거짓 없는 믿음" (*anypokritou pisteos*, sincere faith)을 기억한다. 그 믿음은 먼저 그대의 외할머니 로이스(*Loidi*, Lois)와 어머니 유니게(*Eunike*, Eunice) 속에 깃들여 있었는데, 그것이 그대 속에도 깃들여 있음을 나는 확신한다.

사도행전 16:1에 따르면 디모데의 어머니는 유대 출신의 그리스도인이었다. 이 구절에서는 할머니 또한 그리스도인임을 알 수 있다. 할머니의 믿음이 어머니에게로, 그리고 디모데에게로 이어졌다. 칼뱅은 "디모데가 어머니 젖과 함께 경건도 함께 먹고 자라났다."고 했다. 풍부한 신앙적 유산을 받은 것이다. 유산 중 신앙유산이 최고이다.

3. 디모데를 향한 부탁의 말: 복음 전파의 책임에 대한 강조(6-18절)

6-14절에서, 이미 안수를 통하여 받은 하나님의 은사를 다시 불이 일듯하게 하고, 바울 자신으로부터 들었던 올바른 복음을 잘 지킬 것을 권면하고 있다.

"그러므로 내가 나의 안수함으로 네 속에 있는 하나님의 은사를 다시 불일 듯 하게 하기 위하여 너로 생각하게 하노니." (6절) 이런 이유로 나는 너를 일깨워서 네가 나의 안수로 말미암아 네 속에 간직하고 있는 하나님의 은사

(*charisma*, gift)에 다시 불을 붙이고자 한다.

디모데는 지금 위축되어 있다. 위장병 등으로 고생할 뿐 아니라 선천적으로 소심한데 에베소 교회의 거짓교사들이 힘들게 하기 때문이다. 바울은 꺼져가는, 불을 다시 일으키듯 주님이 주시는 은사로 그를 일으켜 힘 있게 목회할 수 있도록 하고 싶었다.

"하나님이 우리에게 주신 것은 두려워하는 마음이 아니요 오직 능력과 사랑과 절제하는 마음이니."(7절) 하나님이 우리에게 주신 것은 소심한 마음이 아니라 하나님의 뜻을 행할 능력과 사랑, 그리고 자제하는 마음이다.

"두려워하는(*deilias*, timidity, cowardice) 마음"은 문자적으로 "소심한 영"을 뜻한다. 디모데는 마음이 약하고 내성적 성품의 소유자였다(고전 16:10, 11, 딤전 4:12). "절제하는"(*sophronismou*, of self-control)은 문자적으로 "자제하는"이다. 하나님의 뜻과 반대되는 자신의 모든 욕구에 대해 스스로 자신을 제어하는 것을 말한다. 영적으로 깨어있는 건전한 마음이다.

"그러므로 너는 내가 우리 주를 증언함과 또는 주를 위하여 갇힌 자 된 나를 부끄러워하지 말고 오직 하나님의 능력을 따라 복음과 함께 고난을 받으라."(8절) 그러므로 너는 우리 주님을 증거 하는 일과 내가 주님을 위해 감옥에 갇힌 것을 부끄러워하지 말고 오직 하나님의 능력(*dynamin*, the power)을 힘입어 복음을 위하여 고난을 받으라.

"주를 증언함"은 예수 그리스도의 사역과 가르침 전체, 곧 복음을 말한다. "부끄러워하지 말고." 복음은 유대인에게는 거리끼는 것이고 헬라인에게는 미련한 것이라 하였다(고전 1:23). 로마인은 권력을 높이 평가하고 헬라인은 지식을 자랑했기 때문에 미련하게 보이는 복음을 부끄러워하지 않고 자랑한다는 것은 소심한 디모데에게 결코 쉬운 일이 아니었을 것이다. "오직 하나님의 능력을 따라 복음과 함께 고난을 받으라." 하나님의 능력을 힘입지 않고서는 고난을 감당할 수 없다.

9-10절은 하나님의 구원 계획이 언급되고 있다. 하나님은 오래 전에 인류의 구원을 예비하셨고, 그리스도의 십자가를 통해 그것을 성취시키셨다.

"하나님이 우리를 구원하사 거룩하신 소명으로 부르심은 우리의 행위대로 하심이 아니요 오직 자기의 뜻과 영원 전부터 그리스도 예수 안에서 우리에게 주신 은혜대로 하심이라."(9절) 하나님께서는 우리를 구원해 주시고 또 그분의 거룩한 일을 위해 우리를 부르셨다. 그것은 우리의 선행으로 된 것이 아니라 하나님의 목적과 은혜로 된 것이다. 그 은혜는 영원 전에 그리스도 예수님 안에서 우리에게 주신 것이다.

"부르심"은 구원을 주시기 위해 개개인을 부르는 것을 말한다. "영원 전부터." 하나님의 구원 계획은 창세전에 이미 있었다(엡 1:4, 벧전 1:20). "은혜대로 하심이라." 구원은 인간의 노력(행동)에 의해 얻어지는 것이 아니다. 전적으로 하나님의 은혜에 의해서 얻어진다.

"이제는 우리 구주 그리스도 예수의 나타나심으로 말미암아 나타났으니 그는 사망을 폐하시고 복음으로써 생명과 썩지 아니할 것을 드러내신지라."(10절) 우리 구주 그리스도 예수님이 오심으로 이제 드러나게 된 것이다. 그리스도께서는 죽음을 폐하시고, 복음으로 생명과 썩지 않음을 환히 보이셨다. 주님은 죽음을 없애 버리시고 복음을 통해 죽지 않고 영원히 사는 길을 보여 주셨다.

"내가 이 복음을 위하여 선포자와 사도와 교사로 세우심을 입었노라."(11절) 나 바울은 이 복음을 전하는 선포자와 사도와 교사로 임명을 받았다. 선포자(*keryx*, herald, 전도자)는 복음을 알리고 선포하는 자를, 사도(*apostolos*, apostle)는 받은 복음을 전하고 그 말씀대로 행동하는 자를, 교사(*didaskalos*, teacher)는 구원과 하나님의 영광에 관한 교훈을 세심하게 가르치는 자를 말한다. 그 세 역할을 하도록 세워졌다는 것이다.

"이로 말미암아 내가 또 이 고난을 받되 부끄러워하지 아니함은 내가 믿는 자를 내가 알고 또한 내가 의탁한 것을 그 날까지 그가 능히 지키실 줄을 확신함이라."(12절) 그래서 내가 이런 고난을 당하고 있으나 조금도 부끄러워하지 않는 것은 내가 믿는 분을 내가 잘 알고 내가 그분에게 맡긴 것(또는 내가 맡은 것)을 주님이 다시 오시는 날까지 지켜 주실 것을 확신하기 때문이다.

"내가 믿는 자"는 바울이 믿었던 하나님과 예수 그리스도를 가리킨다. 그는 신실하셔서 끝까지 우리를 지켜주신다. "내가 의탁한 것"은 두 가지로 해석된다. 하나는 "내가 그분에게 맡긴 것"(현대인의성경, what I have entrusted to Him), 곧 바울의 생명 또는 영혼을 말하고, 다른 하나는 "내가 맡은 것"(새번역, what has been entrusted to me, 의탁 받은 것), 곧 복음 전파의 사명이다. 물론 전자의 주장이 강하다. 하지만 두 견해를 다 수용할 경우, 이 말은 예수 재림 날에 완성될 믿는 자의 생명의 구원(그분에게 맡긴 것)과 복음 전파의 사명(맡은 것)을 동시에 의미한다. "그 날까지"는 재림의 날까지를 말한다.

"너는 그리스도 예수 안에 있는 믿음과 사랑으로써 내게 들은 바 바른 말을 본받아 지키고."(13절) 너는 그리스도 예수 안에 있는 믿음과 사랑으로 나에게서 들은 건전한 말씀을 본보기로 삼으라. "바른 말"(*hygiainonton logon*, sound words)은 복음의 진리를 말한다.

"우리 안에 거하시는 성령으로 말미암아 네게 부탁한 아름다운 것(*ten kalen*, the good)을 지키라."(14절) 또 우리 안에 계시는 성령님의 도움으로 너에게 맡긴 아름다운 것, 곧 네가 맡은 선한 일을 잘 지키라. "네게 부탁한 아름다운 것"은 하나님께서 주신 사명과 복음을 가리킨다.

15-18절은 바울의 일신적인 상황에 대해 말하고 있다. 아시아에 있는 사람들이 그를 버림으로 마음을 아프게 했으며, 이와 반대로 오네시보로는 그를

찾아와 기쁘게 해주었다. 바울이 로마 감옥에 갇혀 멸시를 받을 때 그를 떠난 자들이 있고, 찾은 자들이 있음을 보여준다.

"아시아에 있는 모든 사람이 나를 버린 이 일을 네가 아나니 그 중에는 부겔로와 허모게네도 있느니라."(15절) 너도 알고 있겠지만 아시아에 있는 사람들이 다 나를 버렸으며 그들 가운데는 부겔로(*Phygelos*, Phygelus)와 허모게네(Hermogenes)가 있다.

바울 당시 아시아는 아시아 대륙 서편에 있는 에게 해안 서남부(소아시아)를 가리킨다. 아시아 지방의 중심지는 에베소였다. 이곳에 있는 몇몇 사람이 바울을 배반한 것으로 보인다. "모든 사람", 이 표현은 과장법이다. 한 사람도 예외 없이 모두 바울을 버렸다는 것이 아니라 많은 사람이 그를 버렸다는 것을 강조하기 위해 이렇게 묘사한 것이다. "부겔로와 허모게네"는 성경에서 이 구절에서만 나타나며, 어떤 사람인지 알 수 없다. 하지만 소아시아 지역의 지도적인 그리스도인들이었던 것으로 보인다. "이 일"(*outo*, this)은 배반 사건을 가리킨다. 바울이 복음 때문에 계속 옥에 갇히자 바울이 자신들에게 피해를 끼칠까 두려워 그를 외면한 것이라는 주장도 있고, 바울이 그들을 포함한 소아시아 지역의 몇몇 지도적인 그리스도인들에게 로마로 와서 증인이 되어 달라는 요청을 하자 두려워한 나머지 거절했던 것이라는 주장도 있다.

"원하건대 주께서 오네시보로의 집에 긍휼을 베푸시옵소서 그가 나를 자주 격려해 주고 내가 사슬에 매인 것을 부끄러워하지 아니하고 로마에 있을 때에 나를 부지런히 찾아와 만났음이라."(16, 17절) 주님께서 오네시보로의 가정을 불쌍히 여겨 주시기를 기도한다. 그는 여러 번 나에게 용기를 북돋아 주었으며 내가 갇혀 있는 것을 조금도 부끄러워하지 않고 로마에 있을 때에 열심히 나를 찾아 만났다. 오네시보로는 부겔로나 허모게네와는 달랐다는 말이다.

오네시보로(*Onesiphorou*, Onesiphorus)는 에베소의 시민으로, 바울의 전도로 믿게 되었고(딤후 4:19), 바울이 로마에 갇힌 후에도 자주 그를 방문해 정신적으로나 물질적으로 그를 유쾌하게 했다. "주께서 오네시보로의 집에 긍휼을 베푸시옵소서." 한 것으로 보아 바울이 이 서신을 쓸 때 그는 이미 소천한 것으로 보이며, 그래서 주님께 그의 가족을 불쌍히 여겨 주실 것, 다시 말해 축복해주실 것을 간구한 것으로 보인다.

"원하건대 주께서 그로 하여금 그 날에 주의 긍휼을 입게 하여 주옵소서, 또 그가 에베소에서 많이 봉사한 것을 네가 잘 아느니라."(18절) 주님께서 다시 오실 때 그에게 자비(*eleos*, mercy)를 베풀어 주시기를 기도한다. 그가 에베소에서 얼마나 많이 봉사했는가를 너도 잘 알 것이다. 오네시보로가 에베소 교회의 신실한 일꾼이었음을 보여준다.

제2장 그리스도의 충성된 사역자의 모습과 상급, 선하고 유능한 사역자

1. 그리스도의 충성된 사역자의 모습과 상급(1-13절)

1-7절은 그리스도인으로서의 임무를 가르치고 있다. 이를 위해 그리스도인을 군사, 경기자, 농부 등 세 가지로 비유하고 있다.

내 아들아 그러므로 너는 그리스도 예수 안에 있는 은혜 가운데서 강하고(1절) "나의 믿음의 아들 디모데야, 너는 그리스도 예수님의 은혜로 강해지기 바란다."

"내 아들아." 바울은 자신의 제자인 디모데(딤전 1:2, 18, 고전 4:17)와 오네시모(몬 10)를 아들이라 불렀다. 바울은 고린도 성도들에게 수많은 스승이 있지만 영적인 아버지는 많지 않다 하였다(고전 4:15). "은혜 가운데서(in the grace) 강하고(*endynamou*, be strong)." 내적으로 강하게 하는 요소는 주의 은혜이다. 디모데는 유약했다. 두려움이 있었다. 오직 그리스도 은혜가운데서만 강해질 수 있다.

"또 네가 많은 증인 앞에서 내게 들은 바를 충성된 사람들에게 부탁하라 그들이 또 다른 사람들을 가르칠 수 있으리라."(2절) 네가 많은 증인들 앞에서 나에게서 들은 것(구원의 복음)을 믿음직한 사람들에게 전수하라. 그리하면 그들이 다른 사람들을 또한 가르칠 수 있을 것이다. 제자를 양육하라는 말씀이다.

디모데에게 있어서 "증인"(*martyron*, witnesses)은 그에게 안수한 장로들이다. 이 구절은 바울, 디모데, 충성된 사람, 또 다른 사람들로 이어지는 "4세대 전도" 방법을 제시하고 있다. "충성된 된 사람들"(the faithful men)은 하나님 말씀에 절대적 확신을 가진 사람, 동지적 관계가 강한 사람으로, 디모데와 같이 교회의 목자, 교사, 전도자로서 남을 가르칠만한 사람을 말한다. 교회는 이런 충성된 사람들을 통해 복음을 전하고 계승된다.

디모데는 바울에게서 들은 복음(딤후 1:13)을 다른 사람들에게 전하였다. 바울은 그들이 또 다른 사람들에게 복음을 전할 수 있기를 바랐다. 이랜드 박성수 회장은 4시에 출근하여, 말씀을 상고하고, 제자훈련을 시켰다. 사람(신앙의 동지)을 키워내야 한다. 한 사람의 영혼이 중요하기 때문이다.

3-6절은 군인, 운동선수, 농부 비유하고 있다. 군인은 자기를 돌보지 않는다. 운동선수는 훈련을 열심히 한다. 농부는 열심히 일하고 인내하며 기다린다. 규칙적인 삶과 자기 통제가 필요하다. 그리하여 결과(소출, 승리)로 주인을 기쁘게 한다.

"너는 그리스도 예수의 좋은 병사(a good soldier)로 나와 함께 고난을 받으라."(3절) 너는 그리스도 예수의 훌륭한 군사답게 고난을 함께 달게 받으라(share in suffering). 전쟁에 임한 군사는 겁을 먹고 물러서서는 안 된다. 고난을 기꺼이 받아야 한다. 하나님의 군사는 고난을 피해서는 안 된다. 경건하게 살고자 하는 자는 핍박을 받으리라. 고난은 하나님 앞에 더 무릎 꿇게 하고, 강하게 만든다.

"병사로 복무하는 자는 자기 생활에 얽매이는 자가 하나도 없나니 이는 병사로 모집한 자를 기쁘게 하려 함이라."(4절) 군에 복무하는 사람은 자기를 뽑은 사람에게 충성해야 되기 때문에 사생활에 얽매일 수가 없다. 충성스런 종은 주인을 기쁘게 하기 위해 자기 직무에 전심전력을 다한다. 마찬가지로 전도자는 주님을 기쁘게 하기 위해 그 직무에서 최선을 다해야 한다.

"경기하는 자가 법대로 경기하지 아니하면 승리자의 관을 얻지 못할 것이며.”(5절) 운동선수가 경기 규칙대로(*nomimos*, lawfully) 경기하지 않으면 상을 받지 못한다. 마찬가지로 그리스도인은 하나님의 말씀대로 살아야 한다.

“수고하는 농부가 곡식을 먼저 받는 것(partake)이 마땅하니라.”(6절) 수고하는 농부가 추수한 곡식을 먼저 갖는 것이 당연하다. 힘껏 수고한 사역자는 하나님의 상급을 받는다.

“내가 말하는 것을 생각해 보라 주께서 범사에 네게 총명(*synesin*, understanding)을 주시리라.”(7절) 내가 말하는 것을 잘 생각해 보라. 주님께서 모든 것을 깨닫는 능력을 그대에게 주실 것이다.

8-13절은 죽은 자 가운데서 다시 살아나신 그리스도를 기억하면서 그리스도와 함께 죽고 또한 그와 함께 살 것을 권하고 있다.

“내가 전한 복음대로 다윗의 씨로 죽은 자 가운데서 다시 살아나신 예수 그리스도를 기억하라.”(8절) 내가 전하는 복음대로, 다윗의 자손으로 나시고, 죽은 사람 가운데서 살아나신 예수 그리스도를 기억하라. “다윗의 씨(*spermatos*, the seed)”는 다윗의 자손인 메시야를 가리킨다. 다윗의 후손에서 메시야가 난다는 예언에 기초하여 예수의 혈통적 메시야를 강조하는 말이다. 그리스도께서 부활하신 것은 그의 신성을 나타낸다.

“복음으로 말미암아 내가 죄인과 같이 매이는 데까지 고난을 받았으나 하나님의 말씀은 매이지 아니하니라.”(9절) 나는 이 복음 때문에 고난을 당하며, 죄수처럼 쇠사슬에 매여 있지만 하나님의 말씀은 매여 있지 않는다.

이 옥중 생활은 사도행전 28:30-31에 언급되어 있는 바울의 제1차 옥중생활을 말하는 것이 아니라 그 후 네로 황제 때의 제2차 옥중생활을 가리킨다. “하나님의 말씀은 매이지 아니한다(is not bound, chained, imprisoned).”는 것은 바울이 옥중생활을 함에도 불구하고 하나님의 말씀은 아무런 방해도 받지 않고 널리 전파된 것을 말한다. 바울은 제1차 옥중생활과 관련하여 자신의 투옥이 오히려 복음의 진보가 되었다고 말한 바 있다(빌 1:12-14).

"그러므로 내가 택함 받은 자들을 위하여 모든 것을 참음은 그들도 그리스도 예수 안에 있는 구원을 영원한 영광과 함께 받게 하려 함이라."(10절) 그러므로 나는 하나님께서 택하여 주신 사람들을 위해서 모든 것을 참고 있다(*hipomeno*, endure). 이것은 그들도 또한 그리스도 예수 안에 있는 구원을 영원한 영광과 함께 얻게 하려는 것이다.

"그들"은 아직 믿지 않지만 택함 받은 자(the elect)를 말한다. 택함 받은 그들이 구원을 받도록 하기 위해 이 모든 것을 참고 있다. 하나님의 말씀이 그들의 마음에서 승리할 것을 알고 있고, 전도자가 현재의 고난을 감내해야 함께 영광의 자리에 나아갈 수 있기 때문이다.

"미쁘다 이 말이여 우리가 주와 함께 죽었으면 또한 함께 살 것이요."(11절) 여기에 믿을만한 말이 있다. "우리가 주님과 함께 죽으면(died together) 그분과 함께 살 것이다(will live together with Him)." "미쁘다"(*pistos*, trustworthy)는 신실하고, 진실하다는 말이다.

"참으면 또한 함께 왕 노릇 할 것이요 우리가 주를 부인하면 주도 우리를 부인하실 것이라."(12절) 우리가 참고 견디면 우리도 또한 그분과 함께 다스릴 것이고, 우리가 그분을 부인하면 그분도 또한 우리를 부인하실 것이다. 성도들이 장차 그리스도와 함께 천국에서 왕 노릇하게 될 것이라는 사실은 성경의 여러 구절에 나타나 있다(마 24:13, 계 20:4). "참으면 또한 함께 왕 노릇 할 것이요." 우리의 생활에서 하나님의 거룩함을 드러내자.

"우리는 미쁨이 없을지라도 주는 항상 미쁘시니 자기를 부인하실 수 없으시리라."(13절) 우리는 신실하지 못하더라도, 그분은 언제나 신실하시다. 그분은 자기를 부인할 수 없으시기 때문이다. "미쁨"은 신실함, 믿음을 뜻한다. "우리는 미쁨이 없을지라도"는 "우리에게는 신실성이 없지만"이라는 뜻이다.

"주는 항상 미쁘시니"는 주님의 신실함은 변하지 않고 오래 지속됨을 말한다. 사람은 신실하지 못한 경우가 많지만 하나님은 항상 신실하시다(요일 1:9).

2. 선하고 유능한 사역자(14-26절)

14-19절은 이단인 영지주의자들처럼 변론하지 말 것을 말하고 있다. 이 이단의 두 지도자인 후메네오와 빌레도는 육체적 부활을 부인하였다. 바울은 고린도전서 15:12-19를 통해 육체적 부활에 대해 잘 변증한 바 있다.

"너는 그들로 이 일을 기억하게 하여 말다툼을 하지 말라고 하나님 앞에서 엄히 명하라 이는 유익이 하나도 없고 도리어 듣는 자들을 망하게 함이라." (14절) 너는 이 위대한 사실(8-13절의 말씀)을 충성된 성도들에게 일깨워 주라. 그리고 무가치한 일로 말다툼(quarreling about words, 영지주의자들과의 말싸움, 끝없는 신화와 족보 얘기 등)을 하지 말라고 하나님 앞에서 엄하게 명령하라. 이것은 유익이 하나도 없고 오히려 듣는 사람들을 망하게 한다.

"너는 진리의 말씀을 옳게 분별하며 부끄러울 것이 없는 일꾼으로 인정된 자로 자신을 하나님 앞에 드리기를 힘쓰라."(15절) 그대는 진리의 말씀을 올바르게 가르쳐 부끄러울 것이 없는 일꾼으로서 하나님에게 인정받는 사람이 되도록 최선을 다하라.

"진리의 말씀을 옳게 분별하며." 성경의 가르침을 곡해하지 않고 올바로 분별, 해석하라는 말씀이다. "옳게 분별하며"(*orthotomounta*, accurately handling)는 문자적으로 "똑바로 자르다"는 뜻으로, 하나님의 말씀을 정확하고 바르게 해석하라는 말씀이다. 말씀을 왜곡시키거나 악용하지 말라는 것이다.

"망령되고 헛된 말을 버리라 그들은 경건하지 아니함(ungodliness)에 점점 나아가나니."(16절) 너는 하나님을 모독하는 헛된 말을 피하라. 이런 것을 일삼는 사람들은 점점 하나님에게서 멀어져 간다.

"망령되고"(*bebelous*, godless, worldly, profane)는 참 하나님을 분간하지 못하고, 하나님을 모독하는 것을 말한다. "헛된"(empty)은 내용이 없고 거짓된 것을 말한다. 부활을 부정하는 이단자들의 주장이 그 보기이다.

"그들의 말은 악성 종양이 퍼져나감과 같은데 그 중에 후메내오와 빌레도가 있느니라."(17절) 그들의 말은 암처럼 퍼져나갈 것이다. 그런 사람들 가운데 후메내오와 빌레도가 있다.

"악성 종양"(*gangraina*, gangrene)은 지독한 궤양의 일종으로, 한 곳이 검푸르게 멍이 들고 나중에는 썩는 병이다. 신속하게 번져 죽게 만든다. 망령되고 헛된 말도 이처럼 급히 퍼져 썩게 할 만큼 해악을 준다. "후메네오(Hymenaeus)와 빌레도(Philetus)"는 당시 디모데가 목회하던 에베소 교회의 이단이었던 영지주의의 지도자들이었다(딤전 1:20).

"진리에 관하여는 그들이 그릇되었도다 부활이 이미 지나갔다 함으로 어떤 사람들의 믿음을 무너뜨리느니라."(18절) 그들은 진리를 떠났다. 부활이 이미 지나갔다고 말하여 어떤 사람들의 믿음을 무너뜨리고 있다. 이단자들의 주장 중 하나는 부활을 부정하는 것이었다. 부활의 역사성을 부인하고 육신의 부활을 믿지 않았다. 다만 도덕적, 영적 부활만을 인정했다. 그러나 그리스도께서 다시 살지 못하셨다면 우리의 믿음도 헛것이다(고전 15:17). 부활은 그만큼 중요하다.

"그러나 하나님의 견고한 터는 섰으니 인침이 있어 일렀으되 주께서 자기 백성을 아신다 하며 또 주의 이름을 부르는 자마다 불의에서 떠날지어다 하였느니라."(19절) 그러나 하나님의 터전은 굳게 서 있고 그 위에는 이런 말이 기록되어 있다. "주께서 자기에게 속한 사람들을 아신다. 주의 이름을 부르는 사람은 누구든지 악에서 떠나라."

"하나님의 견고한 터(the firm foundation)"는 진리를 견고하게 지탱하고 있는 교회를 의미한다(딤전 3:15). 교회는 하나님의 견고한 터로서 진리를 곡해하는 영지주의 이단에 흔들리지 않고 하나님의 말씀인 진리에 견고히 서 있다.

"주께서 자기 백성을 아신다." "아신다"(*egno*, know)는 것은 그가 영원히 버리지 않고 사랑하신다는 뜻이다. 선한 목자는 자기 양들을 알고 아무도 그들을 그 목자에게서 빼앗아갈 수 없다(요 10:14, 28). "주의 이름을 부르는 자마다 불의(*adikias*, iniquity)에서 떠날지어다." 거룩한 행실로 신앙고백을 입증해야 한다. 거짓교사들은 이것이 결여되어 있다. 하나님은 교회를 향해 자기 백성을 알고 계시다는 확실한 언약을 주심과 동시에 거룩히 행하라는 요구도 하신다.

20-26절은 변론을 버리고 모든 사람을 온유함으로 가르치라 권하고 있다. 이 권고는 바울의 목회서신에 자주 나타나 있다.

"큰 집에는 금 그릇과 은그릇뿐 아니라 나무 그릇과 질그릇도 있어 귀하게 쓰는 것도 있고 천하게 쓰는 것도 있나니."(20절) "큰 집"(*megale oikia*, a great house)은 하나님의 교회를 가리킨다. 여러 모양의 그릇(*skeue*, vessels)은 그릇의 다양성을 보여준다. 성도의 은사와 역할이 다양함을 각각 비유하고 있다. 여기서 귀한 그릇과 천한 그릇의 비유를 든 것은 단지 여러 용도의 그릇이 필요하다는 것을 말하려는 것이 아니라 다 주님이 쓰시기에 귀한 그릇이 되어야 한다는 것을 말하려는 것이다. 금 그릇이 아니더라도 주인의 쓰임에 합당하면 질그릇이라도 가치가 있기 때문이다. 그릇이 귀히 쓰이기 위해서, 주님의 일에 선히 쓰임을 받기 위해서는 주님이 쓰시기에 합당한 그릇으로서의 특성을 갖추어야 한다. 담을 수 있어야 하고, 깨끗해야 하며, 쓰기에 합당해야 하고, 준비(예비)되어 있어야 한다.

"그러므로 누구든지 이런 것에서 자기를 깨끗하게 하면 귀히 쓰는 그릇이 되어 거룩하고 주인의 쓰심에 합당하며 모든 선한 일에 준비함이 되리라."(21절) 그러므로 누구든지 이러한 것들(거짓 교훈과 악한 관습)로부터 자신을 깨끗하게 하면, 그는 주인이 온갖 좋은 일에 요긴하게 쓰는 성별된 귀한 그릇이 될 것이다. 하나님의 은혜로 죄인이 하나님이 쓰시는 그릇이 된다.

진리 부문에서 깨진 그릇은 하나님이 사용하실 수 없다. 생활면에서 더러워진 그릇은 하나님이 사용하실 수 없다. 우리는 무엇보다 하나님 앞에 합당한 사람이 되어야 한다. 그 때 주님이 사용하신다. 키르케고르는 하나님 앞에서 떳떳한 사람이 깨끗한 사람이라고 말한다.

"모든 선한 일에 예비함이 되리라." 그릇은 주인이 쓸 수 있도록 예비 되어 있어야 한다. 그릇이 어떻게 쓰일 지 우리는 모른다. 용도는 주인에게 달려있다. 중요한 것은 우리가 주인의 쓰심에 얼마만큼 준비되어 있는가 하는 점이다. 그릇은 항상 대기하고 준비하고 있어야 한다. 예비 된 그릇만이 바로 쓰일 수 있다. "또한 너는 청년의 정욕을 피하고 주를 깨끗한 마음으로 부르는 자들과 함께 의와 믿음과 사랑과 화평을 따르라."(22절) 너는 젊음의 정욕을 피하고, 깨끗한 마음으로 주님을 찾는 사람들과 함께, 의와 믿음과 사랑과 평화를 추구하라.

"청년의 정욕"(youthful lusts)은 쾌락, 권력, 소유욕, 명예심 등을 포괄하고 있다. 디모데가 명예심으로 인해 거짓교사와 변론할까 염려하는 바울의 마음이 담겨 있다. "깨끗한 마음"(a pure heart)은 불의에서 떠나고 자신을 깨끗하게 한 사람들의 내면적인 인품을 말한다.

여기서 "의"(*dikaiosyne*, righteousness, justice)는 하나님의 율법에 일치하는 마음상태를 말한다. "믿음"(*pistis*, faith)은 하나님에 대한 겸손하고 적극적인 신뢰를 뜻하는 말이다. "사랑"(*agape*)은 원수까지도 자비의 대상으로 삼는 깊은 애정을 말한다. "화평"(eirene, peace)은 그리스도인들과의 평온하고 온전한 상호이해와 관계가 있다.

23-26절은 주의 종이 가져야 할 태도를 말하고 있다.

"어리석고 무식한 변론을 버리라 이에서 다툼이 나는 줄 앎이라."(23절) 어리석고 무식한 논쟁(foolish and stupid discussions)을 멀리하라. 너도 알겠지만 거기에서 싸움(arguments, quarrels, strifes)이 생긴다. 언쟁을 피해야 할 것을 말하고 있다. "주의 종은 마땅히 다투지 아니하고 모든 사람에 대하여 온유하며 가르치기를 잘하며 참으며."(24절) 주님의 종은 다투지 말아야 한다. 그는 모든 사람에게 온유하고(*epion*, gentle, kind), 잘 가르치고(*didaktikon*, able to teach), 참을성이 있어야(*anexikakon*, forbearing) 한다. 온유하고 가르치기를 잘 할 것을 말하고 있다. "주의 종"(the Lord's servant), 하나님의 특별한 임무를 맡은 사역자는 하나님의 종이라 불리었다(단 9:6, 빌 1:1).

"거역하는 자를 온유함으로 훈계할지니 혹 하나님이 그들에게 회개함을 주사 진리를 알게 하실까 하며."(25절) 반대하는 사람을 온화하게(*en prauteti*, in meekness, with gentleness) 지적하고 바로잡아 주어야(*paideuonta*, correcting, disciplining) 한다. 거역하는 자를 온유하게 징계하라는 말이다. 그렇게 하면 하나님께서 그 반대하는 사람들을 회개시키셔서 진리를 깨닫게 하실 것이다. "회개함"(*metanoia*, repentance)은 근본적인 생활의 변화를 가져오는 마음과 사상의 근본적인 변화를 말한다. 그 마음은 하나님이 주신다. 따라서 그들이 진리를 알고 거짓에서 깨어날 때까지 주님처럼 온유한 마음으로 가르쳐야 한다.

"그들로 깨어 마귀의 올무(the devil's snare)에서 벗어나 하나님께 사로잡힌바 되어 그 뜻을 따르게 하실까 함이라."(26절) 그렇게 하면 마귀에게 사로잡혀 죄에 종노릇 하던 그들이 제정신으로 돌아와 하나님의 뜻을 따라 살게 될 것이다.

제3장 말세에 나타날 타락의 모습, 세상의 핍박과 그 대응

1. 말세에 나타날 타락의 모습(1-9절)

"너는 이것을 알라 말세에 고통 하는 때가 이르러."(1절) 말세에 어려운 때가 있으리라는 것을 잊지 말라.

"너는 이것을 알라." "알라"(*ginoske*, know, realize)는 "주목하라", "깨달으라"는 뜻이다. 말세에 알아야 할 것을 가리킨다. 여기서는 말세에 사람들이 어떻게 타락하며(2-5절), 거짓선생이 어떻게 들어오는가(6-9)를 알도록 했다.

"말세에"(*en eschatais hemerais*, in the last days)는 그리스도의 재림 직전의 시기를 가리키기보다는 그리스도의 초림 이후의 전 신약시대를 가리킨다(행 2:17, 딤전 4;1, 요일 2:18). 말세는 초림과 재림 사이를 말한다. 말세는 예수님이 "회개하라 천국이 가까웠느니라"고 말씀하실 때부터 이미 시작되었다(already). 그러나 그 날은 주님의 재림으로 완성된다. 그 날이 오기까지 아직 완성되지 않았다(not yet). 우리는 그 사이에 있다.

"말세"는 세상이 끝나는 날임과 동시에 악은 심판을 당하고 성도는 구원을 받는 날이다. 또한 영원한 하나님 나라의 출발점이기도 하다. 성경 상으로 보면 말세는 이미 시작된 것으로 고난의 때이며 세상의 악에 대해 하나님의 주권이 확립되는 시기로 그리스도의 재림으로 완결된다. 따라서 말세에 성도들은 항상 깨어있고, 맡은 일에 충성하며, 구속의 날을 바라보며 미혹 받지 말고, 세상과 타협하지 말고 끝까지 인내하며 모이기에 힘써야 한다.

"말세에 고통 하는 때가 이르리니." 고통 하는 때(difficult times, perilous

times)는 스트레스를 받게 되는 때, 무서운 때, 위험한 때를 말한다. 신약 시대의 참 교회가 고통당하는 시기를 말한다. 고통의 원인은 사람들이 인간됨을 포기하고 비인간화됨에 있다. 사람이 변화해서 문제라는 것이다. 2-5절에 인간이 어떻게 변화했는가를 19가지로 보여주고 있다. 말세의 징후들이다. 이 변화로 인간이 고통을 받게 된다. 인간다움을 포기하는 사람들이 날뛰는 세상이 되면 고통 하는 때를 맞게 된다. 지금이 바로 그 때이다. 앞으로는 이러한 현상이 더 심해질 것이다.

2-5절은 말세에 사람들의 행위특징 열아홉 가지를 지적하고 있다. 말세의 타락한 모습들이다.

"사람들이 자기를 사랑하며 돈을 사랑하며 자랑하며 교만하며 비방하며 부모를 거역하며 감사하지 아니하며 거룩하지 아니하며."(2절) 사람들이 자기를 사랑하며, 돈을 사랑하며, 뽐내며, 교만하며, 하나님을 모독하며, 부모에게 순종하지 아니하며, 감사할 줄 모르며, 불경스러운 행동을 보인다.

"자기를 사랑하며"(lovers of self). 자기를 사랑하는 죄악은 이 구절에 열거된 다른 죄악들의 뿌리가 된다. "자랑하며"(*alazones*, boastful)는 내용도 없으면서 자신을 지나치게 내세우는 것을 말한다. "교만하며"(proud, arrogant)는 남을 멸시하는 것을 말한다. "비방하며"(*blasphemoi*, blasphemers, evil-speakers)는 하나님에 대해 망령된(모독하는) 말을 하는 것을 말한다. 이웃에 대해 헐뜯고 악담하며 중상 모략하는 것도 이에 속한다. "감사치 아니하며"(*acharistoi*, ungrateful)의 원문은 하나님의 은혜를 모른다는 뜻이다. 하나님과 사람한테 빚지고 있다는 생각을 하지 못할 정도로 여유가 없는 인간의 오만함이 있다.

무정하며 원통함을 풀지 아니하며 모함하며 절제하지 못하며 사나우며 선한 것을 좋아하지 아니하며(3절) 사랑이 없고, 용서하지 않고, 남을 헐뜯고,

자제하지 못하며, 사납고, 선한 것을 싫어한다. 무정한(*astorgoi*, unloving, inhuman) 것은 애정(인정)이 없음을 말한다. 자연적인 인정, 본성적 인정마저 말라버린 것을 말한다. 냉혈인간이 되어간다. 원통함을 풀지 않는(*aspondoi*, implacable) 것은 한을 품고 사는 것을 말한다. 화해를 거부하며 용서하는 삶을 살지 않는다. 절제하지 못함(*akrateis*, without self-control, profligated)은 브레이크가 고장 난 차처럼 자기통제가 불가능한 것을 말한다.

"배신하며 조급하며 자만하며 쾌락을 사랑하기를 하나님 사랑하는 것보다 더하며."(4절) 배반하고, 조급하며, 거만하고, 하나님보다 쾌락을 더 사랑한다(pleasure lover). "조급하며"(*propeteis*, reckless)는 입술을 경솔히 열어 함부로 말하는 것을 말한다. 하나님의 말씀에 주목하지 않고 자기마음대로 말하고 행동하는 것은 문제다. 새번역은 "무모하며"라 번역했다.

"경건의 모양(*morphosin*, a form)은 있으나 경건의 능력(*dynamin*, the power)은 부인하니 이 같은 자들에게서 네가 돌아서라."(5절) 겉으로는 경건하게 보이나, 경건함의 능력은 부인한다. 믿음의 형식은 있지만 그 구원의 능력은 부인하는 바리새인과 같이 형식적으로 신앙생활을 하고 있음을 의미한다. 대적들은 경건의 모양은 있지만 경건의 능력은 없다. 너는 이런 사람들을 멀리하라. 이런 사람이 되지 말고, 이런 사람을 본받지도 말라.

6-9절은 거짓선지자들의 유혹에 여자들에 대해 언급하고 있다. 지각이 없고 어리석다. 그들은 어떤 호기심과 욕망에 이끌려 감탄해가며 거짓 교설을 배우지만 진리에 이르지 못한다(딤전 2:4). "그들 중에 남의 집에 가만히 들어가 어리석은 여자를 유인하는 자들이 있으니 그 여자는 죄를 중히 지고 여러 가지 욕심에 끌린바 되어."(6절) 에베소 교회의 거짓 교사들의 성적 방종을 지적하고 있다. 그들 가운데는 남의 집에 슬그머니 들어가서 어리석은 여자들을 유혹하는 사람들이 있다. 영지주의자들은 남의 집에 들어가 어리석은

여자를 유혹하여 성적 탈선행위를 일삼았다. 이러한 행위는 그들의 금욕주의적 사상과는 정면으로 배치된다. 말세에는 거짓선생들이 많아진다. 유혹을 받은 여자들 또한 여러 가지 정욕에 이끌려 죄에 짓눌려 있는 사람들이다.

"항상 배우나 끝내 진리의 지식에 이를 수 없느니라."(7절) 그 여자들은 거짓 교사들로부터 늘 배우기는 하지만 진리를 깨닫는 데에는 전혀 이를 수 없다. 거짓선생이 가르친 말로는 결코 진리에 이를 수 없다.

"얀네와 얌브레가 모세를 대적한 것 같이 그들도 진리를 대적하니 이 사람들은 그 마음이 부패한 자요 믿음에 관하여는 버림받은 자들이라."(8절) 또 이 사람들은 얀네(Jannes)와 얌브레(Jambres)가 모세를 배반한 것과 같이 진리를 배반한다. 그들은 마음이 부패한 사람이요, 믿음에 실패한 사람들이다.

이 구절에서는 이 두 사람이 모세를 대적한 것으로 나타나 있지만 구약에는 언급되어 있지 않다. 그러나 이들은 출애굽 당시 모세를 대적한 이집트의 마술사로(출 7:11, 12), 복음을 훼방하는 자들을 상징한다.

"그러나 그들이 더 나아가지 못할 것은 저 두 사람이 된 것과 같이 그들의 어리석음이 드러날 것임이라."(9절) 그러나 그들이 멀리 가지 못할 것은 그 두 사람의 경우처럼 그들의 어리석음이 모든 사람에게 드러날 것이기 때문이다.

이집트 마술사 얀네와 얌브레는 처음에 모세가 행한 기적과 거의 비슷한 결과(지팡이를 뱀이 되게 하는 것 등)를 얻었지만(출 7:11, 22, 8:7) 나중에는 술법이 막혀 망신을 당하고 말았다(출 8:18). 하나님의 재앙을 받아 고통을 당하게 되었다(출 9:11). 마찬가지로 거짓 교사들의 어리석음도 곧 드러나게 된다.

2. 세상의 핍박과 그 대응: 배우고 확신한 일에 거하라(10-17절)

10-17절에서는 성경만이 구원에 이르는 지혜를 가르쳐줌을 일깨워준다.

“나의 교훈과 행실과 의향과 믿음과 오래 참음과 사랑과 인내와 박해를 받음과 고난과 또한 안디옥과 이고니온과 루스드라에서 당한 일과 어떠한 박해를 받은 것을 네가 과연 보고 알았거니와 주께서 이 모든 것 가운데서 나를 건지셨느니라.”(10, 11절) 또한 너는 나를 따라다니면서 나의 교훈과 생활과 목적과 믿음과 인내와 사랑과 참고 견디는 것과 핍박과 고난과 그리고 안디옥(Antioch)과 이고니온(Iconium)과 루스드라(Lystra)에서 당한 일과 또 내가 어떤 박해를 받았는지 다 보고 알았겠지만 주님은 그 모든 어려움 가운데서 나를 건져 주셨다.

“안디옥과 이고니온과 루스드라”는 로마의 속주인 갈라디아 지역의 세 도시 이름이다. 바울은 제1, 2차 전도여행 때 이곳을 방문했다. 그가 이 도시를 특별히 언급한 것은 그가 이곳에서 고난 당한 것을 디모데가 함께 하며 잘 알고 있었기 때문이다. 여기서 “안디옥”은 바울의 선교여행의 거점이었던 시리아의 안디옥이 아니라 비시디아 안디옥이다.

“무릇 그리스도 예수 안에서 경건하게 살고자 하는 자는 박해를 받으리라.”(12절) 사실 그리스도 예수님 안에서 경건하게 살고자 하는 사람은 다 핍박을 받을 것이다.

“악한 사람들과 속이는 자들은 더욱 악하여져서 속이기도 하고 속기도 하나니.”(13절) 그런데 악한 자들과 속이는 자들(사기꾼들)은 더욱더 악하여져서 남을 속이기도 하고 속기도 할 것이다. “속이기도 하고 속기도 하나니”는 세상 사람의 악함을 보여준다. 세상 끝이 가까울수록 인간성은 더 나빠지고 악해진다(bad to worse). 그러나 구원받은 사람은 달라야 한다. 그리스도인으로서의 정체성을 가지고 악한 세상에 흔들리지 않아야 한다.

14-15절은 말세의 때에 나타난 여러 징후들에서 돌아설 수 있는 방법, 곧 새로운 삶의 방식을 가르쳐 준다.

"그러나 너는 배우고 확신한 일에 거하라 너는 네가 누구에게서 배운 것을 알며."(14절) 그러나 너는 배워서 굳게 믿는 그 진리 안에 머물라. 너는 그것을 누구에게서 배웠는지를 알고 있다.

성경을 배우고 깨달은 사람은 구원받은 백성임을 확신하게 된다. 구원받은 백성에 대한 확신감은 그리스도인으로서의 정체성(identity)을 확실히 갖게 한다. 하나님 나라에서 하나님과 영원히 살아가야 할 사람임을 인식하게 된다. 이 정체성을 확립한 사람은 이 세상의 재물, 명예, 심지어 죽음까지도 문제가 되지 않는다. 그리스도인으로서의 정체성이 없게 되면 교회도 멀리하게 된다. 그러므로 정체성을 확립하는 것이 무엇보다 중요하다.

"또 어려서부터 성경을 알았나니 성경은 능히 너로 하여금 그리스도 예수 안에 있는 믿음으로 말미암아 구원에 이르는 지혜가 있게 하느니라."(15절) 너는 어려서부터 성경(*ta hiera grammata*, the sacred writings)을 알고 있다. 성경은 그리스도 예수를 믿는 믿음을 통해 구원을 받는 지혜를 준다. "어려서부터"(from childhood) 유대인들은 5세부터 구약성경을 의무적으로 배우기 시작한다. 디모데는 어릴 때부터, 곧 이 나이가 되기 전에 이미 가정에서 그의 할머니와 어머니로부터 성경을 배웠다.

성경은 궁극적으로 믿음을 갖게 하고, 그 믿음을 통해 구원에 이르게 하는 지혜를 담고 있다. 성경은 구원해주시는 말씀이자 우리로 하여금 구원받은 백성임을 깨닫게 한다. 따라서 우리의 성경교육의 목표도 구원받은 백성임을 확신케 하는 데 있어야 한다. 구원의 확신은 신앙의 출발점이다. 하나님의 사랑을 깨닫게 한다. 죄인임을 깨닫게 한다. 죄를 회개한다. 주님을 영접한다. 이 말씀은 구원에 있어서 예수 그리스도의 유일성을 가르쳐 준다. 로잔언약에 따르면 "예수 그리스도는 유일한 신이시요 유일한 중보자시다. 예수 이름 이외에 다른 이름으로 구원받을 수 없다."

맥그라스(Alister McGrath)는 복음주의가 지켜야 할 6가지를 제시하였다. 성경의 절대조건, 예수 그리스도의 유일성, 성령님의 주권, 개인구원의 절대성, 거룩한 교회공동체의 필요성, 세계선교의 긴급성 등이다.

"모든 성경은 하나님의 감동으로 된 것으로 교훈과 책망과 바르게 함과 의로 교육하기에 유익하니."(16절) 모든 성경은 하나님의 영감으로 된 것으로 교훈과 책망과 바르게 함과 의로 교육하기에 유익하다.

"모든 성경"(*pasa graphe*, every Scripture)은 일차적으로 구약성경을 가리킨다. 왜냐하면 당시 신약성경의 일부가 아직 기록되지 않았기 때문이다.

"하나님의 감동으로 된 것으로"(*theopneustos*, God-breathed, 영감). 성경은 여러 다양한 사람들에 의해 쓰여 졌지만 하나님에 의해 영감을 받아(inspired by God) 하나님의 방법으로 일관성 있게 쓰였다는 말씀이다. 이 말씀은 베드로후서 1:21과 함께 성경의 영감설의 근거가 되는 중요한 구절이다. 성경은 성경저자들이 수동적인 위치에서 기계적으로 받아 적은 것이 아니라 성령님이 그들을 완전히 사로잡아 그들이 가진 인격, 신앙, 재능 등 인간적은 요소를 사용하여 기록하신 것이다. 그리스도인은 신앙의 눈으로 성경을 봐야 하며 하나님의 말씀으로 받아들여야 한다.

"유익하다"는 것은 도움이 되는(profitable) 점이 무엇인가를 말한다. 성경의 유익에 대해 4 가지로 요약하고 있다. 첫째, 교훈(teaching)이다. 하나님의 말씀을 가르치고 전달하기에 좋다. 성경은 가장 확실한 교재이다. 둘째, 책망(reproof)이다. 성경을 알면 자신이 책망 받아야 할 죄인인 것을 알게 된다. 셋째, 바르게 함(correction)이다. 바르게 교정시켜 하나님의 자녀로 회복시킨다. 끝으로, 의로 교육하기(training in righteousness)이다. 말씀에 따라 바로 살게 한다.

"이는 하나님의 사람으로 온전하게 하며 모든 선한 일을 행할 능력을 갖추게 하려 함이라."(17절) 성경은 하나님의 사람을 온전하게 하고, 온갖 선한 일을 할 수 있게 한다.

"하나님의 사람으로 온전하게 하며." "온전하게 한다"(*artios*, complete)는 것은 철저히(completely) 준비시키는(equipped) 것을 의미한다. 그리스도의 사람으로 헌신하며 살아가도록 한다. 헌신은 선교사나 교역자만 하는 것이 아니다. 직장에서, 교회에서, 가정에서, 자기가 처한 모든 상황에서 그리스도의 삶을 삶으로써 주의 일에 헌신한다. 성경은 인격의 최고의 집을 짓게 한다. 성령은 감독자이다. 사람은 떡으로만 살 것이 아니라 하나님의 말씀을 먹고 살아야 한다.

"모든 선한 일을 행할 능력을 갖추게 하려 함이라." 성경이 가르치는 목적은 우리로 하여금 말씀대로 살기 위한 것이다. 특히 모든 선한 일(every good work)을 잘 하도록 교육하고 준비시킨다. 따라서 성경을 받고 읽고 묵상하며 기도하는 자는 그 말씀대로 행하기를 즐겨해야 한다.

제4장 전도에 대한 엄한 권면, 죽음을 앞둔 개인적 당부와 문안인사

1. 전도에 대한 엄한 권면; 전도인의 직무를 다하라(1-8절)

1-8절은 역경 가운데서라도 근신하면서 전도자로서 자기 직무를 다할 것을 권면하고 있다.

"하나님 앞과 살아 있는 자와 죽은 자를 심판하실 그리스도 예수 앞에서 그가 나타나실 것과 그의 나라를 두고 엄히 명하노니."(1절) 나는 하나님 앞과, 산 사람과 죽은 사람을 심판하실 그리스도 예수 앞에서, 그분의 나타나심(재림)과 그분의 나라를 두고 엄숙히 명령한다. 바울이 그리스도의 재림과 그의 나라를 걸고 말하는 것은 이 두 가지가 그의 소망이자 복음전도의 동기이기 때문이다. 자신의 죽음을 목전에 남겨두고 하신 말씀이라는 점에서 유언과 같다.

"하나님 앞과 그리스도 앞에서 엄히 명하노니." 말씀 전파 사역에 동참하려면 먼저 하나님 앞에서 한다는 것을 잊어서는 안 된다. 전도명령을 내리기 앞서 전도가 하나님과 깊은 관계가 있음을 보여준다. 즉, 전도는 하나님을 절대적으로 순종하는 자세에서 비롯된다는 것이다. 그 명령을 받는 자는 그리스도의 종들이기 때문이다. 우리는 전도를 함에 있어서 무엇보다 그리스도의 종이라는 것을 배움으로 시작되어야 한다. 종은 주인에게 속해 있어야 하고, 주인이 쓰고자 하는 대로 움직여야 한다. 전도는 바로 이런 관계에 대한 재확인에서 출발된다.

"너는 말씀을 전파하라 때를 얻든지 못 얻든지 항상 힘쓰라 범사에 오래 참음과 가르침으로 경책하며 경계하며 권하라."(2절) 너는 어떤 형편에서든지 항상 말씀을 전하라. 끝까지 참고 가르치면서 사람들을 책망하고 꾸짖어 올바로 살도록 권하라.

"오래 참음"(complete patience, great patience, all longsuffering)은 노하기를 더디 하며 실수를 범해도 온유한 마음으로 참는 것을 말한다. "경책하며"(*elenxon*, convict)는 이해하도록 논리적으로 가르치고, 잘못된 이해를 바로 잡아 준다. 문자적으로 "노출시키다"이다. 자신이 깨닫지 못하는 죄와 허물을 드러내어 회개할 기회를 제공하는 것을 말한다. 죄인이 회개할 수 있도록 죄를 뼈저리게 그의 양심에 자각시키는 것이다. "경계하며"(*epitimeson*, rebuke)는 죄인을 경책하는 과정에서 호되게 책망하는 것을 말한다. "권하라"(*parakaleson*, exhort, encourage)는 약한 사람을 도와주고, 용기를 주는 것을 말한다.

때가 이르리니 사람이 바른 교훈을 받지 아니하며 귀가 가려워서 자기의 사욕을 따를 스승을 많이 두고(3절) 때가 이르면 사람들이 건전한 교훈(sound teaching)을 받으려 하지 않고, 자기들의 귀를 즐겁게 하는 교사들의 말을 들으려고 그들에게 모여들 때가 올 것이다.

"때"(*kairos*, a time)는 진리를 받아들이지 않으려는 때를 말한다. 말세에는 바른 말이 통하지 않는다. "귀가 가려워서"(having an itching ear)는 거짓된 흥밋거리 등의 이야기들, 곧 듣기 좋은 허탄한 이야기로 듣는 사람의 귀를 간지럽게 해주는 것을 뜻한다. 거짓교사들은 생활에서 본을 보이기보다 확증할 수 없는 신비한 이야기를 증명하려고 하면서 제멋대로 생활한다.

"또 그 귀를 진리에서 돌이켜 허탄한 이야기를 따르리라."(4절) 그들은 진리(*tes aletheias*, the truth)를 외면하고 쓸데없는 이야기(*mythous*, myths)에 귀를 기울일 것이다.

"그러나 너는 모든 일에 신중하여 고난을 받으며 전도자의 일을 하며 네 직무를 다하라."(5절) 그러나 너는 모든 일에 정신을 차려서(*nephe*, be sober, watch, be serious) 고난을 참으며, 전도자(*euangelistou*, an evangelist)의 일을 하며, 그대의 직무(*ten diakonian*, the ministry)를 완수하라. 전도자는 일정한 지역에서 복음 사역을 했던 목사와 달리 순회하면서 복음을 전하던 직책을 말한다(엡 4:11). 일곱 집사 중 하나인 빌립도 전도인이라 불리었다(행 21:8).

"전제와 같이 내가 벌써 부어지고 나의 떠날 시각이 가까웠도다."(6절) 나는 이미 부어드리는 제물로 피를 흘릴 때가 되었고, 세상을 떠날 때가 되었다. "전제"(*spendomai*, being poured out)는 "관제"라고도 하며, 제물 위에 술(포도주)를 쏟아 붓는 제사이다. 바울이 여기서 이렇게 말하는 것은 자신의 생명을 그리스도께 제물로 드리는 것을 상징함으로써 바울의 순교를 예고하고 있다. "떠날 시각"은 그의 죽음이 임박했음을 상징한다.

"나는 선한 싸움을 싸우고 나의 달려갈 길을 마치고 믿음을 지켰으니."(7절) 나는 선한 싸움(*ton kalon agona*, the good fight)을 다 싸우고, 달려갈 길(*ton dromon*, the race)을 마치고, 믿음(*ten pistin*, the faith)을 지켰다. 달리기 선수가 경기에서 달리기를 성공적으로 완수했듯이 하나님께서 그에게 맡겨주신 임무를 완수한 것을 뜻한다.

"이제 후로는 나를 위하여 의의 면류관이 예비되었으므로 주 곧 의로우신 재판장이 그 날에 내게 주실 것이며 내게만 아니라 주의 나타나심을 사모하는 모든 자에게도니라."(8절) 이제 남은 것은 의의 면류관(the crown of righteousness)을 받는 일뿐이다. 이것은 의로우신 재판장(the righteous judge)이신 주님이 재림하시는 날에 나에게 주실 것이며 나에게만 아니라 주님이 다시 오시기를 사모하는 모든 사람들에게 주실 것이다. "주의 나타나심을 사모하는 모든 자"(all who have loved His appearing)는 그리스도의 재림을 간절히 기다리는 모든 사람을 뜻한다. 주님의 재림을 갈망하는 것은 사랑의 가장 큰 표현이다.

2. 죽음을 앞둔 개인적 당부와 문안인사(9-22절)

9-22절은 개인적인 소식, 부탁, 문안의 말을 적고 있다.

"너는 어서 속히 내게로 오라."(9절) 바울은 순교하기 전에 디모데를 마지막으로 보고 싶었고, 다음 여러 절에서 보는 바와 같이 그가 여러 제자들로부터 버림을 받아 외로웠기 때문이다. 21절에는 겨울 전에 오기를 바랐다. 바울의 서신 가운데는 "다 나를 버렸다"는 표현도 있어 믿음을 떠난 사람들이 상당수에 달하고, 이로 인해 바울의 외로움과 고독은 더 해간 것으로 보인다.

"데마는 이 세상을 사랑하여 나를 버리고 데살로니가로 갔고 그레스게는 갈라디아로, 디도는 달마디아로 갔고."(10절) 데마는 이 세상(the present age)을 사랑하여 나를 버리고 데살로니가로 갔고, 그레스게는 갈라디아로 갔고, 디도는 달마디아로 갔다.

"버리고 가는 것"은 원어로 "떠나다"(*enkatelipen*, has deserted)는 말이다. 이것은 다른 장막을 치기 위해 현재의 장막을 치우는 행우, 로프를 풀어 배를 띄우는 행위를 말한다. 다시는 돌아오지 않을 양으로 현재의 위치를 떠나 다른 곳으로 이동하는 것이다.

데마(Demas)는 원래 바울의 복음사역을 도왔던 조력자로 옥중서신을 기록할 때 그와 함께 있었다. 그런데 그가 떠난 인물 중 첫 번째로 등장한다. 대표적인 인물이라는 말이다. 그는 시작은 좋았지만 끝이 나쁜 사람이 되었다. 데마는 성경에 3번 나온다. 빌레몬서 24절을 보면 바울은 그를 "나의 동역자"

라 하였다. 감옥까지라도 같이 갈 수 있는 사람이었다. 동역자의 모습은 골로새서 4:14에도 나온다. 나의 사랑하는 데마라 말함으로써 그는 바울로부터 사랑을 받는 사람임을 보여주고 있다. 그런데 이 구절에서는 "이 세상을 사랑하여 나를 버리고 데살로니가로" 간 인물로 소개되고 있다. 데마란 원래 '통속적인' 이라는 뜻을 가지고 있다.

'이 세상을 사랑하여 나를 버리고 갔고' 에 대해서는 크게 두 가지 해석이 있다.

첫째, 세속적인 유익을 추구하여 변절했다는 주장이다. 바울이 잘 될 때는 충성하다가 그가 갇히자 변절하여 떠났다는 말이다. 바울이 손이 닿기만 해도 낫자 열광했다. 그리고 영웅적으로 참여했다. 그러나 옥에서 그냥 죽어가는 모습을 보며 바울에 실망했다. 그는 데살로니가로 갔다. 그곳은 그의 고향이었다.

그는 왜 중간에 포기했을까. 그 이유는 내면의 능력(속사람의 능력)이 약해 장차 나타날 영광을 위해 현재의 고난을 이길 힘이 없었기 때문이다. 또한 신앙양심의 고결함을 가지고 멀리 내다보지 않았기 때문이다. 잡힌바 된 것을 바라보고 달려갈 힘이 없었다. 나는 부족하지만 하나님의 놀라운 목표와 비전에 사로잡히는 사람이 되어야 한다.

둘째, 바울이 적어도 그를 배교자로 부르지 않았기 때문에 더 이상 신앙을 갖지 않은 것이 아니라 개인적인 이유가 있거나 바울의 요구가 너무 엄격했기 때문일 것으로 간주한다.

"그레스게는 갈라디아로, 디도는 달마디아로 갔고(*eporeuthe*, has gone)." 그레스게와 디도는 데마와는 달리 바울이 개척한 선교지 방문 여행을 떠난 것으로 이해되고 있다. 바울의 요청이 있을 수 있다. 그레스게(*Kreskes*, Crescens)는 신약에서 이곳에만 언급된 인물로, 어떤 인물인지 알 수 없다.

그는 갈라디아(Galatia) 지방의 교회로 간 것으로 보인다. 어떤 사본에는 그가 갈리아(Gallia), 곧 골(Gaul) 지방의 비엔(Vienne)에서 교회를 세운 것으로 소개되고 있다.

디도(*Titos*, Titus)는 달마디아(Dalmatia) 지역에 있는 교회를 방문한 것으로 이해되고 있다. 디도는 바울이 두 번째 예루살렘을 방문했을 때 동행한 인물로, 바울이 그레데 교회들을 감독하게 했다(딛 1:5). 달마디아는 일루리곤이라 하는 곳이며 바울이 교회를 개척한 곳이다(롬 15:19). 이곳은 지금의 알바니아와 과거 유고연방에 해당한다.

"누가만 나와 함께 있느니라 네가 올 때에 마가를 데리고 오라 그가 나의 일에 유익하니라."(11절) 누가만 나와 함께 있다. 네가 올 때에 마가를 데리고 오라. 그 사람은 나의 일에 요긴한 사람이다.

"누가만 나와 함께 있다." 그는 시종일관한 제자이자 끝까지 바울을 지킨 사람이다. 누가는 그에게 있어 단지 의사로서만 존재하는 것은 아니다. 아무도 알아주지 않는 이 고독한 사역, 모두가 욕하고 도망하는 이 사역, 지도자인 자신마저 옥에 갇혀 내일의 운명을 알 수 없는 이 사역의 현장에서 묵묵히 자리를 지키고 끝까지 함께 한 사람이 바로 누가임을 고백하고 있는 것이다. 우리 주님은 이 고백을 기뻐 받으실 것이다. 과연 누가다. 빛이다.

누가는 의사이자 통찰력 있는 역사가로 누가복음과 사도행전을 썼다. 그는 누가복음에서 종의 삶을 강조했고, 스스로 종의 정신 가졌다. 사도행전을 "성령행전"이라 할 만큼 그는 성령의 역사에 민감했다. 그는 바울의 제2, 3차 전도여행에 동참했다. 누가는 최후순간에만 함께 한 인물이 아니다. 누가는 바울 곁에서 시종일관 충성된 그리스도의 종이었고, 뒤에서 묵묵히 헌신한 인물이다. 누가(*Loukas*, Luke)라는 이름은 원래 "빛"(*luxa*)이라는 뜻을 가지고 있는데 그는 복음 사에 있어서, 그리고 바울에게 있어서 빛나는 인생을 살았다.

바울이 누가를 만난 것은 자기를 해하려는 유대인들이 있다는 소식을 듣고 시리아로 가지 못하고 소아시아와 마케도니아를 돌며 선교하고 있을 때였다. 의사인 누가는 바울의 전도를 받고 뒤부터는 그의 주치의로서 복음 사역에 헌신하였다. 바울의 동역자가 된 것이다.

누가는 이방인이었으며(골 4:11), 시리아의 안디옥에 거주하던 의사로 알려져 있다. 그는 디도의 형제로도 추정되고 있다(고후 8:16-18;12:18). 누가가 바울의 제2차 전도여행 때 동행한 것으로 보아(행 16:10) 초기부터 이방인 회심자였던 것으로 보인다. 그는 바울의 제3차 여행에도 동행했으며 바울이 예루살렘에서 체포되는 위험상황에서나 로마에 있을 때도 함께 있었다. 이것으로 보아 누가는 바울의 진실한 동역자요 사랑하는 친구였음이 확실하다. 바울은 그를 가리켜 "사랑을 받는 누가"(골 4:14) 라 하고 그가 "너희에게 문안한다."고 말하고 있다. 바울 곁에 누가가 있었던 것이다.

바울이 디모데와 함께 보고 싶은 사람이 있다. 마가(*Markos*, Mark)다. 한때는 그 때문에 바나바와 싸웠던 인물 아니던가. 그런데 과거의 일은 다 묻고 지금 그를 그토록 보고 싶어 한다.

마가는 원래 사도들로부터 사랑을 많이 받았다. 바울도 그를 좋아했다. 마가는 바울의 1차 전도여행 때 동행했다. 하지만 바울과 바나바가 소아시아의 내지로 전도하려 들어가고자 하자 그들을 떠나 예루살렘으로 되돌아 온 일(행 13:13)이 있었다. 마가는 부잣집 도련님 스타일이었다. 마가 다락방은 120문도를 수용할 정도였다. 하지만 풍찬노숙 견디지 못해 돌아간 것이다. 이것은 내지 전도 여행이 얼마나 힘든 것이었는가를 보여준다. 그 때 마가는 어린 마음에 어머니가 있는 예루살렘으로 가고 싶었을 것이다.

바나바와 바울이 선교여행을 떠나는 날 바나바는 그래도 조카인 마가를 데리고 가고 싶었지만 바울은 단호히 거부했다. 그렇게 연약해서야 어떻게 함께 할 수 있겠는가 하는 것이 바울의 생각이었다. 해결이 나지 않자 바나바는 마가를 데리고 구브로(Cyprus) 전도여행을 떠났고, 바울은 실라를 데리고 소아시아로 갔다.

마가는 중간에 탈락하여 바울과 바나바를 갈라지게 한 인물이었다. 하지만 나중에는 바울뿐 아니라 베드로의 신임을 받았다. 실패에서 다시 일어난 인물이다. 마가를 새롭게 하신 하나님께 감사하자. 훗날 마가는 12제자가 아니면서도 마가복음을 기록함으로써 복음사역에 크게 헌신한 인물이 되었다. 베드로를 도우면서 예수님에 대해 많은 것을 들었고, 그것을 기록으로 남긴 것이다.

마가의 정식 이름은 요한 마가(요한네스 마르코스)다. 요한은 히브리 이름이고, 마가는 로마식 이름이다. 그는 120명이 그의 다락방에 들어갈 만큼 괜찮은 집 출신으로 클 때는 어려움이 없었던 인물이다. 주님이 잡히시던 밤에 도망간 인물(?)을 묘사하고 있는 데 그 인물이 바로 자기 자신이었을 것으로 생각들 한다.

바울은 이 구절에서 마가를 가리켜 "나의 일에 유익하니라"(profitable) 하였다. 그만큼 신뢰를 받은 것이다. 그는 한 때 실패한 자였지만 지금은 유익한 인물로 변하였다. 마가는 마가복음에서 "즉시", "바로"라는 단어를 많이 사용했다. 과거 그가 주저하거나 순종하지 못했던 것, 그리고 도망했던 역사를 반성하고, 청산하고 싶어 했음을 잘 보여준다. 그는 끝이 좋은 사람이 되었다.

그토록 바울이 보고 싶어 한 디모데와 마가. 바울은 과연 그들은 만나 보았을까. 성경학자들은 그들이 로마에 갔을 때 바울은 이미 처형되었을 것이라 한다. 그러나 그의 그리움은 결코 허망하지 않다. 이 세상에서 만나지 못했다 해도 하나님 나라에서 기쁨으로 상봉했을 것이고 영광 중에서 만났을 것이기 때문이다. 디모데와 마가를 보고 싶어 한 바울, 얼마나 인간적인가. 아니 얼마나 아름다운가. 우리도 그곳에서 그리운 사람을 만날 것이다. 주님은 물론이다. 그 때 우리는 확신하게 될 것이다. 그리스도 안의 그리움은 소망이 있는 그리움이다.

데마는 시작은 동역자였지만 배신자가 되어 끝이 좋지 않은 인물이었다. 마가는 처음에는 문제를 일으켰지만 나중에 유익한 인물이 되었다. 이에 비해 누가는 처음부터 끝까지 일관된 모습을 보여준다. 그는 바울로부터 복음을 받았고, 끝까지 바울과 함께 했다.

"두기고는 에베소로 보내었노라."(12절) 나는 두기고(Tychicus)를 에베소로 보냈다. 두기고는 바울의 동역자로 에베소서와 골로새서를 전달했다(엡 6:21, 골 4:7). 두기고를 에베소로 보낸 것은 디모데가 로마로 올 때 그에게 교회의 시무를 맡기고자 했기 때문이다.

"네가 올 때에 내가 드로아 가보의 집에 둔 겉옷을 가지고 오고 또 책은 특별히 가죽 종이에 쓴 것을 가져오라."(13절) 네가 올 때에, 내가 드로아(*Troas*, Troy)에 있는 가보(Carpus)의 집에 두고 온 외투(cloak)를 가져오고, 또 책들(the books, the scrolls)은 특히 양피지(the parchments)에 쓴 것들을 가져오라. 디모데가 올 때에 겉옷과 가죽 종이에 쓴 책(구약성경인 듯)을 가져올 것을 지시하고 있다. 하나님의 말씀을 묵상하고 싶은 것이다. 당시에는 파피루스와 두루마리로 된 두 종류의 책이 있었다. 두루마리는 양 가죽으로 만들었다. 책을 가져오라는 것은 그가 외로움에 처했을 때 시간을 어떻게 보내고자 했는가를 보여준다. 고독할 때 시간을 현명하게 사용하는 것(utilize time wisely)이 중요하다. 게으름을 거부하고 자신을 바쁘게 만든다. "레몬이 있으면 레몬 즙을 만들어라"는 말처럼 단점을 장점으로 바꾼다. 바울은 고독의 시간을 말씀과 함께 하는 유용한 시간으로 바꾸고자 했다.

"구리 세공업자 알렉산더가 내게 해를 많이 입혔으매 주께서 그 행한 대로 그에게 갚으시리니."(14절) 구리세공업을 하는 알렉산더(Alexander)가 나를 몹시 괴롭혔다. 주님께서는 그가 행한 대로 갚아 주실 것이다. 구리 세공업자(coppersmith)는 손으로 여러 가지 물건을 만드는 장인을 말한다. 그는 바울을 재판에 고발한 인물로 보인다. 그는 법정 판결에 아주 유해한 말을 해 바울을 궁지에 몰아넣었을 것이다.

"너도 그를 주의하라 그가 우리 말을 심히 대적하였느니라."(15절) 너도 그를 경계하라. 그는 우리가 전한 복음(our message)을 몹시 반대한 인물이다. 그는 하나님의 말씀이 전파되는 것을 매우 적극적으로 반대하여 하나님의 말씀을 전하는 사람들을 몹시 괴롭혔음을 보여준다.

16-18절은 모든 악한 일에서 구원해주신 하나님께서 앞으로도 천국에 들어가도록 구원해주실 것을 확신하면서 감사와 찬송을 드리고 있다.

"내가 처음 변명할 때에 나와 함께 한 자가 하나도 없고 다 나를 버렸으나 그들에게 허물을 돌리지 않기를 원하노라."(16절) 내가 처음 변론(*apologia*, defense)을 할 때(두 번째로 수감되었을 때 있었던 변론 중 첫 번째 때) 모두 나를 버리고 떠났고 나를 도와 준 사람은 하나도 없었다. 그러나 그들에게 벌이 내리지 않기를 기도한다. 바울이 변론할 때 증인으로 나서주어야 할 사람들이 법정 출두를 거부하여 바울을 도와주는 자가 한 사람도 없었지만 용서하라는 주님의 가르침에 따라 관용의 자세를 취하겠다는 말씀이다.

"주께서 내 곁에 서서 나에게 힘을 주심은 나로 말미암아 선포된 말씀이 온전히 전파되어 모든 이방인이 듣게 하려 하심이니 내가 사자의 입에서 건짐을 받았느니라."(17절) 주님께서는 내 곁에 서서서나에게 힘을 주셨다. 그것은 나를 통하여 전도의 말씀이 완전히 전파되게 하시고, 모든 이방 사람이 그것을 들을 수 있게 하시려는 것이다. 주님께서 나를 사자의 입에서 건져내셨다.

"주께서 내 곁에 서서(*paraste moi*, stood by me) 나에게 힘을 주심은." 주님은 나를 돕기 위해 옆에 서 계신다. 어떤 고통가운데 있다 할지라도 주님은 거기에 계신다는 사실을 인식할 때(recognize God's presence) 고독을 이길 수 있다. 바울은 외로운 싸움에서도 주님이 그의 곁에 서서(함께 하시고) 힘을 북돋아 주셨음에 감사하고 있다. 고독한 시간은 우리가 주님께 포커스를 맞출 수 있는 좋은 기회이다. 바울은 주께서 "내 곁에 서서" 힘을 주셔서 전도할 수 있었다.

"이방인으로 듣게 하려 하심이니." 주님이 그의 곁에 서서 힘을 주심은 그로 말미암아 온전히 말씀이 이방인에게 전파되게 하려 하심이라고 말한다. 이것은 복음전파는 고독한 싸움이다. 자신이 고독을 이기면 이길수록 전파되는 것은 복음이다. 그는 이방인에게 복음이 전파되기를 바라는 마음에서 대적과 배반을 이겨나갔다. 고독할 때 우리의 고독으로 도움이 될 사람들을 생각한다. 그들의 필요를 생각하며 자신을 그 필요에 감정을 이입한다(empathize other people's need). 그러면 고독은 더 이상 고독이 되지 않는다.

"사자의 입"(the mouth of the lion)은 바울을 죽음의 상황으로 몰아넣었던 상황을 말한다. "내가 사자의 입에서 건짐을 받았느니라." 주님은 그 고비를 넘기고 승리하게 하셨다. 대적과 배반으로 고독했으나 주님이 함께 하시고, 자신의 고독한 싸움을 통해 오히려 복음이 전파되었다. 고독으로 무너질 수 있는 인간이 주님의 도움으로 사자의 입에서 건짐을 받았다.

"주께서 나를 모든 악한 일에서 건져내시고 또 그의 천국에 들어가도록 구원하시리니 그에게 영광이 세세무궁토록 있을지어다 아멘."(18절) 주님께서 나를 모든 악한 일(every evil deed)에서 건져내시고, 또 구원하셔서 그분의 하늘나라에 들어가게 해 주실 것이다. 그분께 영광이 영원무궁하도록 있기를 빕니다. 아멘. 여기서 "천국"은 신자들이 죽자마자 가는 곳을 의미하고 있다. 천국은 "아브라함의 품", "낙원", "하늘에 있는 영원한 집" 등으로 불리었다. 천국으로는 과거에서 미래로 끝까지 이끌어주심을 말한다. 외로움에서 믿음의 자리로 한 계단 성장하는 것이 중요하다. 이를 위해 끝까지 하나님을 붙잡는 것이 중요하다. 주님을 붙잡는 것이 성공이다. 문제가 크냐 주님이 크냐. 주님을 잃으면 모든 것을 잃는다.

19-22절에서 바울은 마지막 인사와 함께 축도를 하고 있다.

"브리스가와 아굴라와 및 오네시보로의 집에 문안하라."(19절) 너는 브리스가와 아굴라에게 문안하고 오네시보로의 가족에게도 문안하라.

"브리스가(Prisca)와 아굴라(Aquila)"는 부부로, 바울의 동역자이다. 부인인 브리스가(브리스길라)의 이름이 먼저 나온 것은 당시 그녀의 사역이 얼마나 중요한가를 보여주고 있다. 부부는 글라우디오 황제가 내린 반유대주의 칙령에 따라 로마를 떠나 고린도에 정착했다. 그들은 아볼로에게 주의 도를 자세히 풀어 알려주었다. 네로 황제의 박해로 그들은 다시 고린도에서 에베소로 온 것으로 보인다. 그들이 로마에 있을 때 그들의 집에서 모임을 가질 정도로 충성했다. "오네시보로"(Onesiphorus)는 문자적으로 "유익을 가져다주는 자"라는 뜻으로, 바울이 힘들 때 유쾌하게 해주었다(딤 1:16-18)

"에라스도는 고린도에 머물러 있고 드로비모는 병들어서 밀레도에 두었노니."(20절) 에라스도는 고린도에 머물러 있고, 드로비모는 앓고 있으므로 밀레도에 남겨 두었다.

에라스도(*Erastos*, Erastus)는 디모데와 함께 에베소에서 마케도니아에 파견된 바울의 신실한 동역자였다(행 19:22). 드로비모(*Trophimon*, Trophimus)는 이방인으로서 바울의 신실한 동역자였다(행 21:29). 드로비모는 에베소 출신으로 에라스도와 더불어 바울을 따라 에베소 교회의 구제금을 갖고 예루살렘으로 갔다. 바울이 예루살렘에서 폭도들에게 잡히된 것은 이방인인 드로비모와 함께 있었기 때문이다. 그는 바울이 스페인에서 돌아올 때 병이 들어 밀레도에 남아야 했던 것으로 보인다. 밀레도(Miletus)는 에베소의 남쪽에 있는 소아시아 항구이다.

“너는 겨울 전에 어서 오라 으불로와 부데와 리노와 글라우디아와 모든 형제가 다 네게 문안하느니라.”(21절) 너는 겨울이 되기 전에 서둘러 오라. 겨울이 오면 뱃길이 막히기 쉽기 때문이다.

으불로(Eubulus)는 유일하게 본문에 언급된 인물이고, 부데(Pudens)는 전설에 따르면 베드로에 의해 개종한 로마 원로원 의원이고, 리노(Linus)는 베드로가 죽은 후 로마 교회 감독으로 임명되었으며, 글라우디아(Claudia)는 리노의 어머니이다. 그들을 비롯한 모든 신도가 디모데에게 문안의 인사를 하였다.

“나는 주께서 네 심령에 함께 계시기를 바라노니 은혜가 너희와 함께 있을지어다.”(22절) 주님이 너와 함께 계시기를 바라며 모든 성도들에게 하나님의 은혜가 함께 하기를 기도한다. 마지막 기도다. “네 심령에 함께”(with your spirit)는 심령이 강해져서 고난과 핍박도 충분히 이겨내고, 목회 사역도 훌륭히 수행할 수 있기를 바라는 마음을 전하고 있다.

Titus

디도서

제1장 문안 인사, 장로의 임명과 그 기준, 거짓 교사들의 정체

1. 문안 인사(1-4절)

1-4절은 이 서신의 인사말이다.

"하나님의 종이요 예수 그리스도의 사도인 나 바울이 사도 된 것은 하나님이 택하신 자들의 믿음과 경건함에 속한 진리의 지식과."(1절) 하나님의 종이요 예수 그리스도의 사도인 나 바울은, 하나님의 택하심을 받은 사람들의 믿음을 일깨워 주고 경건하게 사는 진리를 가르치기 위해 사도가 되었다.

바울은 자신이 하나님의 "종"(*doulos*, servant)임과 그리스도로부터 보냄 받은 "사도"(*apostolos*, apostle)임을 밝히고 있다. 그는 하나님께서 선택하신 사람들로 하여금 믿음을 갖게 하고, 경건하게 사는 진리를 가르치기 위해 사도가 되었다고 했다. 그가 자신을 이같이 소개한 것은 이 편지 내용이 인간의 지혜로부터 나온 것이 아니라 하나님의 뜻에 따른 것임을 일깨워주기 위함이다.

"영생의 소망을 위함이라 이 영생은 거짓이 없으신 하나님이 영원 전부터 약속하신 것인데."(2절) 나는 거짓이 없으신 하나님께서 영원 전부터 약속해 두신 영생에 대한 소망(the hope of eternal life)을 품고 있다. 믿음과 진리는 영원한 생명에 대한 희망에 근거하고 있다. 이 영원한 생명은 거짓말을 하지 않으시는 하나님이 오래 전에 약속하신 것이다.

"자기 때에 자기의 말씀을 전도로 나타내셨으니 이 전도는 우리 구주 하나님이 명하신 대로 내게 맡기신 것이라."(3절) 하나님께서는 제 때가 되었을 때에 하나님의 이 약속의 말씀을 사도들의 선포를 통하여 드러내셨다. 하나님이 정하신 때에 사도들의 전도를 통해 이 약속의 말씀을 나타내셨다. 나는 우리 구주이신 하나님의 명령을 따라 이것을 선포하는 전도의 직무를 맡았다.

"자기 때에"(*kairois idiois*, in His own seasons)는 하나님께서 당신의 일을 행하시기로 작정하신 시기를 말한다. 하나님의 계획 가운데 있는 구체적인 사건들은 역사의 흐름 속에 있는 정해진 때에 일어난다(딤전 2:6, 6:15).

"같은 믿음을 따라 나의 참 아들 된 디도에게 편지하노니 하나님 아버지와 그리스도 예수 우리 구주로부터 은혜와 평강이 네게 있을지어다."(4절) 나는 같은 믿음을 따라 진실한 아들이 된 디도에게 이 편지를 쓴다. 하나님 아버지와 우리 구주 예수 그리스도께서 내려주시는 은혜와 평화가 네게 있기를 빈다.

"나의 참 아들 디도"(My true child, Titus), 디모데와 같이 디도는 바울의 사역을 통해 개심한 영적인 아들이다. 디도는 사도행전에 언급되지 않은 인물이지만 이 서신을 통해 그가 바울의 가르침을 받고 개종한 인물이고, 헬라인이었음을 알 수 있다. 디도는 바울이 예루살렘 공회에 갈 때에 함께 갔고(갈 2:13), 바울의 전도여행에 참여해 함께 일했으며(고후 7:13-15), 고린도에서 전도하고 그 후 그레데 섬에서 복음 사역자로 여러 해 동안 수고했다.

디도서는 디모데 전 · 후서와 마찬가지로 바울이 쓴 "목회서신"에 속한다. 목회에 필요한 교훈들을 제공하고 있기 때문이다. 디도서를 받았을 때는 A. D. 65년경으로 추정된다.

2. 장로의 임명과 그 기준(5-9절)

"내가 너를 그레데에 남겨 둔 이유는 남은 일을 정리하고 내가 명한 대로 각 성에 장로들을 세우게 하려 함이니."(5절) 내가 너를 크레타에 남겨둔 것은,

남은 일들을 정리하고, 내가 지시한 대로 성읍마다 장로들(*presbyterous*, the elders)을 세우게 하려는 것이다. 바울은 로마 감옥(1차 투옥)에서 풀려난 이후 그레타를 방문했을 것으로 추정되고 있다. 그 때 디도를 그곳에 남겨둔 것이다. 남은 일은 앞으로 언급될 장로들의 부재, 거짓 교사들의 미혹, 행함이 없는 믿음 등을 가리킨다.

6-9절은 장로의 자질에 대한 언급으로 디모데전서 3:1-7과 같다.

"책망할 것이 없고 한 아내의 남편이며 방탕하다는 비난을 받거나 불순종하는 일이 없는 믿는 자녀를 둔 자라야 할지라."(6절) 장로의 자격을 말하고 있다. 장로는 흠잡을 데가 없어야 하고, 한 아내의 남편이라야 하며, 그 자녀가 신자라야 하고 그 자녀가 방탕하다거나 순종하지 않는다는 비난을 받지 않아야 한다.

"감독은 하나님의 청지기로서 책망할 것이 없고 제 고집대로 하지 아니하며 급히 분내지 아니하며 술을 즐기지 아니하며 구타하지 아니하며 더러운 이득을 탐하지 아니하며."(7절) 감독은 하나님의 일을 맡은 청지기(목회자)로서 흠잡을 데가 없고, 자기 고집대로 하지 아니하며(교만을 버리고 하나님의 뜻에 귀를 기울이며), 쉽게 성내지 아니하고(인내심이 있어야 하고), 술을 즐기지 아니하며(술 취하면 실수가 많아지기 때문이다), 폭행하지 아니하고(그리스도인에게 폭행은 금물이다), 부정한 이득을 탐하지 아니하는 사람이라야(사리사욕에 눈이 멀어서는 안 된다) 한다.

"감독"(*episkopon*, overseer, bishop)은 "장로"로 바꿔 쓸 수 있다. 장로를 때로는 감독으로 불렀기 때문이다. 이 때는 감독과 장로가 엄격하게 구분되어 있지 않았다. 그러나 이 두 단어 사이에는 미묘한 차이가 있다. 장로는 성숙하고 경험이 많다는 의미를 담고 있고, 감독은 책임감이 강조된다. 장로는 신분 및 지위(status)를 가리키며, 감독은 직무 및 역할(function)을 가리키는 것으로 이해되기도 한다. 당시 한 교회에 여러 명의 장로를 둘 수도 있었다.

"오직 나그네를 대접하며 선행을 좋아하며 신중하며 의로우며 거룩하며 절제하며."(8절) 감독은 오히려 손님을 잘 대접하고(다른 사람을 잘 돌봐야 하고), 선행(선한 모든 것)을 좋아하며, 신중하고(생각이 깊고 서두르지 않으며), 의로우며(처사를 공평히 하며), 경건하고, 자제력이 있어야(자기의 모든 감정과 욕심을 다스릴 줄 알아야) 한다.

"미쁜 말씀(faithful word)의 가르침을 그대로 지켜야 하리니 이는 능히 바른 교훈으로 권면하고 거슬러 말하는 자들을 책망하게 하려 함이라."(9절) 장로는 신실한 말씀의 가르침을 굳게 지키는 사람이라야 한다. 그래야 건전한 교훈으로 권면하고, 반대자들을 반박할 수 있을 것이다. "바른 교훈"(sound teaching)은 올바른 가르침으로 신앙을 바로 세우고, 거짓 교사들의 가르침으로부터 보호할 수 있는 가르침을 말한다. 장로는 교회에서 이 가르침이 바르게 지켜지도록 해야 한다.

3. 거짓 교사들의 정체(10-16절)

"불순종하고 헛된 말을 하며 속이는 자가 많은 중 할례파 가운데 특히 그러하니."(10절) 복종하지 않고(하나님께와 바울과 디도와 같은 목회자의 영적 권위에 순종하지 않는 것을 말한다), 터무니없는 말을 하며 남을 속이는 사람들이 많이 있다. 특히 할례를 주장하는 사람들 가운데 그런 사람들이 많다. "할례파"(those of the circumcision, those from Judaism)는 유대교에서 개종한 자들로, 육체의 할례를 받아야 구원을 얻는다고 주장하는 무리를 가리킨다.

"그들의 입을 막을 것이라 이런 자들이 더러운 이득을 취하려고 마땅하지 아니한 것을 가르쳐 가정들을 온통 무너뜨리는도다."(11절) 그들의 입을 막아야 한다. 그들은 더러운 수입을 위해 가르쳐서는 안 될 것을 가르치면서 신자들의 가정을 온통 뒤엎고 있다. 디도와 장로들이 해야 할 일은 바로 이런 사람들을 막아 순수한 믿음을 보전하는 것이다.

"그레데인 중의 어떤 선지자가 말하되 그레데인들은 항상 거짓말쟁이며 악한 짐승이며 배만 위하는 게으름뱅이라 하니."(12절) 크레타 사람 가운데서 예언자라 하는 어떤 사람이 말하기를 "크레타 사람은 예나 지금이나 거짓말쟁이요, 악한 짐승이요, 먹는 것밖에 모르는 게으름뱅이다." 하였다.

"그레데인 중의 어떤 선지자"는 헬라의 일곱 현인 중 하나인 B. C. 600년경의 시인 에피메니데스(Epimenides)를 말한다. 사도행전 17:28에는 "어떤 시인"으로 등장한다. 바울은 크레타에서 숭앙받는 그의 시구를 인용해 그곳 사람들의 악한 성격을 경고하고 있다. 에피메니데스는 "모든 크레타인은 거짓말쟁이"라고 주장했다. 크레타인의 "거짓말"은 제우스가 필멸자라 주장한 것을 말한다. 에피메니데스는 제우스를 불멸의 존재로 여기고 있었기 때문에 그들의 주장을 거짓말로 본 것이다. "악한 짐승"(evil beasts)은 야만적이고 잔인한 성품을 지닌 사람을 말한다.

"이 증언이 참되도다 그러므로 네가 그들을 엄히 꾸짖으라 이는 그들로 하여금 믿음을 온전하게 하고"(13절) 이 말은 사실이다. 그러므로 그들을 사정없이 책망하여 올바른 믿음을 갖게 하라.

"유대인의 허탄한 이야기와 진리를 배반하는 사람들의 명령을 따르지 않게 하려 함이라."(14절) 유대인의 신화(*mythois*, myths)나 진리를 떠난 사람들의 말에 귀를 기울이지 못하게 하라.

"깨끗한 자들에게는 모든 것이 깨끗하나 더럽고 믿지 아니하는 자들에게는 아무 것도 깨끗한 것이 없고 오직 그들의 마음과 양심이 더러운지라."(15절)

깨끗한 사람에게는 모든 것이 깨끗하다. 그러나 믿지 않는 더러운 사람에게는, 깨끗한 것이라고는 하나도 없다. 도리어, 그들의 생각과 양심도 더러워졌다.

여기서 "깨끗한 자들"(*tois katharois*, the pure)은 그리스도를 믿고 그의 피로 마음과 양심의 죄가 씻긴 사람들을 말한다. 이와 반대로 "더럽고 믿지 아니하는 자들"(those being defiled and unbelieving)은 구약의 율법을 잘못 해석하여 유대인이 아닌 이방인 모두를 더럽다고 여긴 율법적인 유대주의 교인들, 그리고 특정 음식을 먹는 것이나 결혼하는 것 등을 종교적으로 부정하게 생각한 금욕주의자들을 말한다.

"그들이 하나님을 시인하나 행위로는 부인하니 가증한 자요 복종하지 아니하는 자요 모든 선한 일을 버리는 자니라."(16절) 그들은 입으로는 하나님을 안다고 말하지만, 행동으로는 부인하고 있다. 그들은 밉살스럽고 불순종하는 사람들이며 선한 일을 하기에는 적합하지 않은 사람들이다.

제2장 목회자의 성도 양육, 양육의 근거

1. 목회자의 성도 양육(1-10절)

디도서 2장은 디도로 하여금 어떻게 목회하고 성도들을 가르쳐야 하는가를 선명하게 보여주고 있다. 목회자든 성도든 꼭 실천해야 할 것들이 있다는 것이다.

"오직 너는 바른 교훈에 합당한 것을 말하여."(1절) 그러나 너는 바른 교훈과 일치하는 것(*prepei*, be consistent with)을 가르치라. 1절은 목회자가 해야 할 일이다. 말할 때 오직 바른 교훈에 합당한 것을 말하라. 목회자는 말씀을 전하는 자다. 오직 하나님의 말씀만을 바로 전하라는 것이다. "바른 교훈"(*hygiainouse didaskalia*, sound doctrine)은 올바른 가르침으로 그리스도의 말씀과 경건에 관한 교훈, 곧 복음을 말한다. 이단의 거짓된 가르침과 반대된다. 1-10절을 보면 바른 교훈은 성별, 나이, 지위에 관계없이 올바른 행위, 곧 선한 행실을 요구한다.

"늙은 남자로는 절제하며 경건하며 신중하며 믿음과 사랑과 인내함에 온전하게 하고."(2절) 나이 많은 남자(*presbytas*, the aged men)는 절제하고 존경할 만하며 자제할 줄 알고 건전한 믿음과 사랑과 인내로 생활하게 하라. 2절은 나이 많은 남자가 해야 할 것을 가르치는 내용이다. "신중하며"(*sophronas*, self-controlled)는 스스로 자제하는 것을 말한다. "온전하게 하고"(*hygiainontas*, sound)는 문자적으로 "부패함이 없도록 하고"이다. 이런 면에서 흔들림이 없는 사람이 되게 하라는 말씀이다.

"늙은 여자로는 이와 같이 행실이 거룩하며 모함하지 말며 많은 술의 종이 되지 아니하며 선한 것을 가르치는 자들이 되고."(3절) 나이 많은 여자들(*presbytidas*, the aged women)도 이와 같이 거룩한 생활을 하며 남을 헐뜯거나 술을 좋아하지 말고 선한 것을 가르치는 사람이 되게 하라. 3절은 나이 많은 여자가 해야 할 일을 가르치는 내용이다. 나이 많은 여자는 젊은 여자들을 가르칠 만큼 삶의 모범이 되어야 한다.

"그들로 젊은 여자들을 교훈하되 그 남편과 자녀를 사랑하며 신중하며 순전하며 집안일을 하며 선하며 자기 남편에게 복종하게 하라 이는 하나님의 말씀이 비방을 받지 않게 하려 함이라."(4, 5절) 그리하여 나이 많은 여자들이 젊은 여자들(*tas neas*, the young women)을 훈련시켜 남편과 자녀를 사랑하고, 신중하고, 순결하고, 집안 살림을 잘하고, 어질고, 남편에게 순종하는 사람이 되게 해야 할 것이다. 그래야 하나님의 말씀이 비방을 받지 않을 것이다. 4절과 5절은 젊은 여자가 해야 할 일을 가르치는 내용이다. 이렇게 하는 것은 하나님의 말씀이 비방을 받지 않게 하려 함이라 했다. 예수를 안 믿는 사람을 염두에 둔 것이다.

"너는 이와 같이 젊은 남자들을 신중하도록 권면하되."(6절) 이와 같이 너는 젊은 남자들을 권하여 신중한 사람이 되게 하라. 6절은 젊은 남자들(*tous neoterous*, the younger men)이 해야 할 일을 가르치는 내용이다. "신중하도록"(*sophronein*, to be self-controlled)은 문자적으로 "건전한 마음을 가지다", "절제하다"이다. 이단 사상 및 이교 세계의 도덕적 타락 속에서 건전한 마음으로 절제하여 죄를 짓지 않도록 한다는 뜻이다.

"범사에 네 자신이 선한 일의 본을 보이며 교훈에 부패하지 아니함과 단정함과 책망할 것이 없는 바른 말을 하게 하라 이는 대적하는 자로 하여금 부끄러워 우리를 악하다 할 것이 없게 하려 함이라."(7, 8절) 너는 모든 일에 선한 행실의 모범이 되라. 가르치는 일에 순수하고 위엄 있는 태도를 보여야 한다.

책잡힐 데가 없는 건전한 말을 하라. 그리하면 반대자(the opponent, 거짓 교사)도 우리를 걸어서 나쁘게 말할 것이 없으므로 부끄러움을 당할 것이다.

이 구절은 목회자 디도를 향한 말씀이다. 신중하고 범사에 자신이 선한 일의 본을 보이며 교훈에 부패하지 아니함과 단정함과 책망할 것이 없는 바른 말을 하라는 것이다. 이렇게 하는 것은 대적하는 자, 곧 바울과 디도의 가르침을 반대하는 자로 하여금 부끄러워 우리를 악하다 할 것이 없게 하려는 데 있다. 흠 잡힐 일은 하지 말라는 것이다.

"종들은 자기 상전들에게 범사에 순종하여 기쁘게 하고 거슬러 말하지 말며 훔치지 말고 오히려 모든 참된 신실성을 나타내게 하라 이는 범사에 우리 구주 하나님의 교훈을 빛나게 하려 함이라."(9절) 종들을 가르치되, 모든 일에 주인에게 복종하고, 그들을 기쁘게 하고, 말대꾸를 하지 말고, 주인의 것을 훔치지 말고 선한 충성을 다하라고 가르치라. 그러면 그들이 모든 일이 우리 구주 하나님의 교훈을 빛낼 것이다.

9-10절은 예수를 믿는 종들이 해야 할 일이다. 종들은 자기 상전들에게 범사에 순종하여 기쁘게 하고 거슬러 말하지 말며 훔치지 말고 오히려 모든 참된 신실성을 나타낸다. 이렇게 하는 것은 범사에 우리 구주 하나님의 교훈을 빛나게 하려는 것이다.

"교훈을 빛나게 하려 함이라." "빛나게"(*kosmosin*, adorn)는 문자적으로 아름다움을 나타내기 위해 보석으로 장식한다는 것으로, 여기서는 신자의 선행을 보고 불신자들이 복음의 가치를 깨달을 수 있도록 하려 한다는 말이다.

바울은 목회자 디도뿐 아니라 교인들이 주목해야 할 행실을 비교적 자세히 언급했다. 절제와 경건과 순종 등 항목도 다양하다. 그 말씀을 하면서 행실을 바로 하면 바른 교훈을 거부하는 자나 믿지 않는 사람들이 결코 하나님의 말씀을 비방하지 않을 것이며 하나님의 교훈이 빛날 것이라 했다. 그리스도인은 언제나 하나님의 말씀을 사모하며 읽는다. 그러나 아무리 성경을 많이 읽고 안다 할지라도 그 말씀을 실천하지 않으면 아무 것도 하지 않은 것과 같다. 말씀은 실천에서 빛이 나기 때문이다. 하나님께 영광 돌리는 길은 다른 것에 있지 않다. 말씀을 실천하는 것이다. 너의 행실로 하나님의 교훈을 빛나게 하라.

2. 양육의 근거(11-15절)

"모든 사람에게 구원을 주시는 하나님의 은혜가 나타나."(11절) 이것은 구원을 주시는 하나님의 은혜가 모든 사람에게 나타났기 때문이다. 하나님의 은혜가 양육의 근거가 된다는 말씀이다.

은혜(*charis*, grace)는 자격 없는 자에게 무조건적으로 과분하게 베푸시는 호혜이다. 모든 사람에게 하나님의 구원의 은혜가 나타났고, 그로 인해 우리는 전과 전혀 다른 삶을 살게 된다. 11-14절을 보면 하나님의 은혜는 성도들로 하여금 불신앙에 대항하고 보다 거룩한 삶을 살도록 격려해 주는 힘임을 보여주고 있다.

"우리를 양육하시되 경건하지 않은 것과 이 세상 정욕을 다 버리고 신중함과 의로움과 경건함으로 이 세상에 살고."(12절) 그 은혜는 우리에게 경건치 않은 것과 세상적인 정욕을 버리고 이 세상에서 절제하며 의롭고 경건하게 살라고 가르친다. 은혜를 받은 자는 세상정욕을 다 버린다. "세상 정욕"(worldly passions)은 도덕적으로 금지된 일에 대한 욕구를 말한다. 우리가 버릴 것은 경건치 않은 것과 이 세상 정욕이고, 지켜야 할 것은 근신, 의로움, 경건함이다. 주님은 이렇게 하도록 양육하신다(자라나도록 하신다). 주님은 성도가 이 세상에서 어떻게 살아야 하는가를 가르치신다.

"복스러운 소망과 우리의 크신 하나님 구주 예수 그리스도의 영광이 나타나심을 기다리게 하셨으니."(13절) 그리고 그 은혜는 위대하신 우리의 하나님이시며 구주이신 예수 그리스도께서 영광스럽게 나타나실 그 복된 소망의 날을 기다리게 하였다. 은혜를 받은 자는 복스러운 소망을 갖게 된다는 말씀이다. "복스러운 소망"은 그리스도께서 영광스럽게 다시 오실 것을 기다리는 소망, 곧 재림을 기다리는 것을 말한다. 재림은 승리, 기쁨, 영광이다. 하나님의 자녀에게 재림은 공포가 아니다. 사단은 재림을 기다리지 못하게 한다. 이것이 바로 사단의 전략이다.

교회의 신랑 되신 예수의 재림 때 교회는 예수의 신부로 영원한 혼인잔치에 들어간다. 그러나 오늘이라도 주님이 우리를 부르신다면 우리 각자는 주님의 보혈만을 가지고 주님 앞에 서리라는 믿음을 가져야 한다. 주님을 만나는 그 날이 우리 모두에게 영광스러운 날이 되어야 한다.

"그가 우리를 대신하여 자신을 주심은 모든 불법에서 우리를 속량하시고 우리를 깨끗하게 하사 선한 일을 열심히 하는 자기 백성이 되게 하려 하심이라."(14절) 그리스도께서 우리를 위해 자신을 내어주신 것은 모든 악에서 우리를 구원하고 깨끗하게 하셔서 열심히 선한 일(*kalon ergon*, good works)을 하는 그의 백성이 되도록 하기 위한 것이다. 은혜를 받은 자는 선한 일을 열심히 해야 한다는 말씀이다.

"우리를 대신하여"(*hyper hemon*, for us)는 "우리를 위하여"라는 말씀이다. "선한 일에 열심히 하는 자기 백성이 되게 하려 하심이니라." "자기 백성"(*laon periousion*, especially chosen people, his special people, people for his own possession)은 특별히 선택한 사람을 말한다. 행위로 구원을 받는 것은 아니다. 그러나 구원을 받은 후 우리가 해야 할 일은 선한 일을 하는 것이다. 전도의 문을 열어주기 때문이다.

선한 일은 한 마디로 나누는 것이다. 삶을 나누고, 사랑을 나눈다. 서로 돕고 힘쓰며, 좋은 영향력(좋은 관계)을 나누고, 물질을 나누고, 재능을 나눈다. 그리고 그 무엇보다 복음을 나눈다. "우리는 그의 만드신 바라 그리스도 예수 안에서 선한 일을 위하여 지으심을 받은 자니 이 일은 하나님이 전에 예비하사 우리로 그 가운데서 행하게 하려 하심이니라."(엡 2:10) 루터는 말한다. "행함으로 구원을 받는 것은 아니다. 그러나 구원을 받으면 착한 행실을 하게 되어 있다."

바울은 이 구절에서 우리의 선한 일, 곧 행실로 전도할 것을 가르친다. 삶으로 보여주는 전도이다. 사람들은 언제나 우리의 행실을 통해 복음을 보기 원한다는 사실을 잊어서는 안 된다. 바울이 전도하며 강조하는 세 가지가 있다. 예수의 고난과 부활, 재림, 그리고 성도의 경건한 삶이다. 그가 성도의 경건한 삶을 강조하는 것은 우리의 경건한 삶을 통해 보여주는 전도를 해야 한다는 것이다. 너희 착한 행실을 보고 하나님께 영광을 돌리게 하라.

"너는 이것을 말하고 권면하며 모든 권위로 책망하여 누구에게서든지 업신여김을 받지 말라."(15절) 그대는 이 모든 것을 권위 있게 가르치고 권면하며 책망하여 아무도 그대를 업신여기지 못하게 하라. "모든 권위로"(*meta pases epitages*, with all authority)는 강력한 권위, 곧 하나님의 권위를 가지고 담대히 말하라는 말씀이다.

제3장 성도들의 대인관계, 끝맺는 인사와 축도

1. 성도들의 대인관계(1-11절)

"너는 그들로 하여금 통치자들과 권세 잡은 자들에게 복종하며 순종하며 모든 선한 일 행하기를 준비하게 하며."(1절) 너는 신자들을 깨우쳐 통치자들과 정부 당국에 복종하고 순종하며 언제나 선한 일을 하도록 하라. "통치자들과 권세 잡은 자들"은 당시 로마제국의 관리들을 가리킨다. 국민으로서 의무를 자발적으로 이행하라는 말이다. 그러나 권세에 대한 순종은 하나님의 말씀에 어긋나지 않을 경우에 한한다(롬 13:1, 행 4:19, 20).

"아무도 비방하지 말며 다투지 말며 관용하며 범사에 온유함을 모든 사람에게 나타낼 것을 기억하게 하라."(2절) 또 남을 헐뜯거나 다투지 말고 관대하며 모든 사람을 온유하게 대하도록 하라.

"우리도 전에는 어리석은 자요 순종하지 아니한 자요 속은 자요 여러 가지 정욕과 행락에 종노릇 한 자요 악독과 투기를 일삼은 자요 가증스러운 자요 피차 미워한 자였으나."(3절) 우리도 전에는 어리석고, 순종하지 아니하고, 미혹을 당하고, 온갖 정욕과 향락에 종노릇 하고, 악의와 시기심을 가지고 살고, 남에게 미움을 받고, 서로 미워하면서 살았다. 그레데 사람들의 현 상태도 과거 우리와 같았다는 점을 암시하고 있다.

"어리석은(*anoetoi*, foolish) 자"는 하나님이 없다 하며 신앙의 세계를 이해하지 못하는 사람을 가리킨다(시 14:1). "속은(*planomenoi*, being deceived) 자"는 악한 사람들에게와 마귀에게 속은 자를 말한다. "행락"(*hedonais*, pleasures)은 쾌락을 뜻한다.

"우리 구주 하나님의 자비와 사람 사랑하심이 나타날 때에."(4절) 그러나 우리의 구주이신 하나님께서 그 인자하심과 사랑하심을 나타내셨다.

우리를 구원하시되 우리가 행한 바 의로운 행위로 말미암지 아니하고 오직 그의 긍휼하심을 따라 중생의 씻음과 성령의 새롭게 하심으로 하셨나니(5절) 우리를 구원해 주셨다. 그것은 우리의 의로운 행위 때문이 아니라 그분의 자비 때문이다. 그분은 우리를 깨끗이 씻어 거듭나게 하시고 성령으로 새롭게 하여 우리를 구원해 주셨다.

"의로운 행위로 말미암지 아니하고"는 선행 때문이 아니라는 말이다. "그의 긍휼하심"(*autou eleos*, His mercy)은 고통이나 고난 가운데 있는 사람들에게 하나님이 베푸시는 자비와 연민을 말한다.

"중생"(*palingenesia*, regeneration)은 죄악으로 인해 영적 사망 상태에 있는 자가 성령의 역사하심으로 영적 생명에 이르는 것을 말한다. 부르심을 입은 성도는 이미 중생함을 받은 자이다. 중생은 오직 성령의 역사함으로 가능하며 하나님의 주권적 선택에 기인한다. 성화의 점진적 성격과는 달리 즉각적이며 근본적인 변화를 의미한다. 성령의 사역과 개인의 믿음을 통해 하나님으로부터 단번에 받는 새 생명이기 때문이다. 중생은 믿음과 회개와 직접 관련이 있다. 은혜를 자각한 성도의 능동적 신앙행위는 중생 이후에 나타난다.

"중생의 씻음(*loutrou*, washing)"은 세례를 말하며 세례는 새로운 탄생을 의미하는 표시이다. 그러나 세례를 통하여 중생하는 것은 아니며, 세례가 곧 중생은 아니다. 깨끗하게 씻음은 내적인 사건이고, 세례는 그것의 외적인 상징이라는 것이 일반적이 해석이다.

"성령의 새롭게 하심(*anakainoseos*, renewing)"은 그리스도인이 성령님의 사역을 통하여 점점 거룩한 마음을 갖고 생활하는 과정, 곧 중생에 이어 일어나는 삶의 혁신을 의미한다.

"우리 구주 예수 그리스도로 말미암아 우리에게 그 성령을 풍성히 부어 주사."(6절) 하나님은 우리 구주 예수 그리스도를 통해 우리에게 이 성령을 풍성하게 부어 주셨다. "부어주사"(*execheen*, poured out)는 오순절 사건을 연상시킨다. 하지만 여기서는 바울 자신의 체험, 나아가 회개하고 그리스도인이 된 우리 모두의 체험을 염두에 둔 것으로 보인다.

"우리로 그의 은혜를 힘입어 의롭다 하심을 얻어 영생의 소망을 따라 상속자가 되게 하려 하심이라."(7절) 그리하여 우리는 그분의 은혜로 의로운 자로 인정함을 받았고, 영원한 생명의 소망을 가진 상속자(*kleronomoi*, heirs)가 되었다. "의롭다 하심을 얻어"(*dikaiothentes*, been justified)는 "의롭다고 선포되었다", "의롭다 인정함을 받았다"는 뜻이다.

"이 말이 미쁘도다 원하건대 너는 이 여러 것에 대하여 굳세게 말하라 이는 하나님을 믿는 자들로 하여금 조심하여 선한 일을 힘쓰게 하려 함이라 이것은 아름다우며 사람들에게 유익하니라."(8절) 이 말은 참되다(*pistos*, trustworthy). 나는 네가 이런 교리들을 특별히 강조해서 하나님을 믿는 성도들이 조심스럽게 선한 일에 전념할 수 있게 하기 바란다. 선한 일은 좋은 것이고 사람들에게 유익을 준다. "이 말이 미쁘도다." 여기서 "이 말"은 4-7절의 구원 교리로 보기도 하고, 편지의 이전 부분 전체로 보기도 한다. "굳세게 말하라"(*diabebaiousthai*, affirm strongly)는 확신을 가지고 말하라는 것이다.

"그러나 어리석은 변론과 족보 이야기와 분쟁과 율법에 대한 다툼은 피하라 이것은 무익한 것이요 헛된 것이니라."(9절) 그러나 어리석은 논쟁과 족보 이야기와 분쟁과 율법에 관한 싸움을 피하라. 이것은 유익이 없고, 헛될 뿐이다. 디모데전서 1:4에도 언급된 것으로, 그레데도 에베소와 상황이 비슷했음을 보여준다. 이것은 당시 초대교회 이단의 일반적인 성격을 나타내는 표현이다.

"이단에 속한 사람을 한두 번 훈계한 후에 멀리하라."(10절) 분열을 일삼는 사람은 한두 번 경고한 후에 물리치라. 당시 "이단"(*hairetikon anthropon*, a factious man)은 성경에 근거하지 않고 자기 의견을 내세워 교회에 분열을 일으키는 사람을 가리킨다. "멀리하라"(*paraitou*, reject)는 말은 사랑으로 권면해도 듣지 않을 경우의 조치를 말한다. 소극적으로 무시할 수도 있고, 공직을 맡기지 않을 수 있으며, 심하면 추방할 수도 있다.

"이러한 사람은 네가 아는 바와 같이 부패하여 스스로 정죄한 자로서 죄를 짓느니라."(11절) 너도 알겠지만 이런 사람은 이미 타락하여 스스로 악한 줄 알면서도 계속 죄를 짓고 있다. 따라서 분파주의자들과 다툴 필요가 없다.

2. 끝맺는 인사와 축도(12-15절)

"내가 아데마나 두기고를 네게 보내리니 그 때에 네가 급히 니고볼리로 내게 오라 내가 거기서 겨울을 지내기로 작정하였노라."(12절) 내가 아데마나 두기고를 보내거든 너는 니고볼리에 있는 나에게로 속히 오라. 나는 거기서 겨울을 보낼 작정이다.

아데마(Artemas)는 신약성경에서 이곳에서만 언급되는 동역자이다. "두기고"(Tychicus)는 바울과 함께 여러 번 전도여행을 한 바울의 신실한 동역자이다. "니고볼리"(Nicopolis)는 "승리의 도시"라는 뜻으로, 군사적으로 승리를 거둔 곳에 이 이름을 붙였다. 이 이름을 가진 도시가 여러 곳이 있다. 여기서는 그리스 에피루스(Epirus) 서남쪽에 위치한 니고볼리를 가리킨다는 주장이 강하다.

"율법교사 세나와 및 아볼로를 급히 먼저 보내어 그들로 부족함이 없게 하고"(13절) 속히 율법교사인 세나와 아볼로를 나에게 보내 주고, 그들에게 조금도 부족한 것이 없도록 하라.

율법교사 세나(Zenas)는 신약에서 이곳에서만 언급되는 인물이다. 아볼로(Apollos)는 알렉산드리아에서 잘 알려진 유대인으로 고린도교회에서 훌륭히 일했다. 세나와 아볼로를 디도에게 부탁을 한 것을 보면 디도가 물질적으로 도울 힘이 있었음을 보여준다.

"또 우리 사람들도 열매 없는 자가 되지 않게 하기 위하여 필요한 것을 준비하는 좋은 일에 힘 쓰기를 배우게 하라."(14절) 우리 그레데 성도들은 주님의 일에 수고하는 사람들을 돕는 선한 일을 힘써 배워야 한다. 그러면 열매 맺는 보람된 생활이 될 것이다. "우리 사람들"(*hemeteroi*, our people)은 그레데 신자들을 가리킨다. 바울은 성도들로 하여금 서로 돕는 일에 동참하도록 권면하고, 그래야 그들이 열매를 맺는 삶을 살게 될 것이라 했다.

"나와 함께 있는 자가 다 네게 문안하니 믿음 안에서 우리를 사랑하는 자들에게 너도 문안하라 은혜가 너희 무리에게 있을지어다."(15절) 나와 함께 있는 모든 사람이 너에게 문안한다. 너는, 믿음 안에서 우리를 사랑하는 모든 사람들에게 문안하라. 하나님의 은혜가 여러분 모두와 함께 하기를 기도한다.

바울은 서신을 끝맺을 때 흔히 문안하는 사람들의 이름을 적었다. 그러나 여기서는 그저 "나와 함께 있는 자"(those with me)라 하였다. 이것은 이름을 굳이 적지 않아도 디도가 알았을 것으로 보인다. 바울은 그리스도 안에 있는 하나님의 은혜가 그레데 교인들에게 임하기를 기원했다. 디도는 바울의 이 서신을 교회에서 낭독했을 것이고, 이 말씀을 들은 교인들은 하나님이 주시는 평강과 기쁨이 넘쳤을 것이다.

Philemon

빌레몬서

제1장 인사의 말, 빌레몬의 사랑과 믿음에 대한 감사, 오네시모를 위한 부탁, 문안과 축도

1. 인사의 말(1-3절)

빌레몬서는 바울이 빌레몬에게 오네시모를 해방시켜 자기를 도울 수 있도록 권면하기 위해 쓴 서신이다.

"그리스도 예수를 위하여 갇힌 자 된 바울과 및 형제 디모데는 우리의 사랑을 받는 자요 동역자인 빌레몬과 자매 압비아와 우리와 함께 병사 된 아킵보와 네 집에 있는 교회에 편지하노니." (1, 2절) 그리스도 예수를 전파하다가 감옥에 갇힌 나 바울과 형제 디모데가, 우리의 사랑하는 동역자 빌레몬과 자매 압비아와 우리의 전우(*systratiote*, fellow soldier)인 아킵보와 그대의 집에 모이는 교회에 이 편지를 쓴다.

"갇힌 자" (*desmios*, prisoner)는 바울 자신이 복음 전파로 인해 로마 감옥에 갇혀 있음을 말하고 있다. 빌레몬서는 바울이 이 감옥에서 쓴 서신이다. 빌레몬서와 골로새서는 거의 같은 시기에 쓰였다. 영적인 아들인 디모데는 바울의 부탁으로 로마에 온 것으로 보인다(딤후 4:9).

"동역자" (*synergo*, fellow worker)는 바울과 함께 수고하며 복음을 전한 사람들을 말한다. 바울에게는 많은 동역자가 있었다. 바나바, 실라, 디모데, 아볼로, 디도 등이 대표적이다.

빌레몬(Philemon)은 골로새 지방에 살던 그리스도인으로 오네시모를 자신의 노예로 둘 만큼 부유했다. 압비아(Apphia)는 빌레몬의 아내로 알려져 있으며 아킵보(Archippus)는 빌레몬 부부의 아들로 추정되며 복음 전파를 위해 힘쓴 인물이다.

"네 집에 있는 교회"는 가정교회로, 골로새의 교인들이 빌레몬의 집에서 예배를 드렸음을 보여준다. 빌레몬은 자기의 집을 기꺼이 내어줄 만큼 믿음이 큰 인물이었다. 예루살렘의 마가의 집(행 12:12), 빌립보의 루디아의 집(행 16:40), 에베소의 아굴라의 집(고전 16:19), 라오디게아의 룸바의 집(골 4:15) 모두 가정교회 형식으로, 자신의 집을 제공하는 이들의 모범이 있어 교회가 서게 되었다.

"하나님 우리 아버지와 주 예수 그리스도로부터 은혜와 평강이 너희에게 있을지어다."(3절) 하나님 우리 아버지와 주 예수 그리스도께서 내려주시는 은혜(*charis*, grace)와 평화(*eirene*, peace)가 여러분에게 있기를 바란다. 기원 형식의 서문이다.

2. 빌레몬의 사랑과 믿음에 대한 감사(4-7절)

"내가 항상 내 하나님께 감사하고 기도할 때에 너를 말함은."(4절) 나는 기도할 때마다 너를 언급하면서(*mneian*, mention), 언제나 나의 하나님께 감사를 드린다.

"주 예수와 및 모든 성도에 대한 네 사랑과 믿음이 있음을 들음이니."(5절) 그것은 그대가 주 예수님을 굳게 믿고 모든 성도들을 사랑한다는 말을 내가 듣고 있기 때문이다.

이 구절은 교차대구법을 사용하고 있다. 즉 "예수"는 "믿음"(*pistis*, faith)과, "성도"는 "사랑"(*agape*, love)과 관계를 가지고 있다. 예수를 향한 믿음이 필요하며, 성도들에겐 사랑이 필요하다는 것을 대비적으로 표현하고 있다.

"이로써 네 믿음의 교제가 우리 가운데 있는 선을 알게 하고 그리스도께 이르도록 역사하느니라."(6절) 네 믿음의 사귐이 더욱 깊어져서, 우리 안에 있는 모든 선한 일을 그대가 깨달아 그리스도께 이르게 되기를 나는 기도한다. 믿음의 교제를 통해 그리스도 안에서 가진 모든 선한 것을 충분히 이해할 수 있기 바란다는 말씀이다.

"믿음의 교제(*koinonia*, fellowship)"는 신앙에 바탕을 둔 성도 상호간의 교제를 말한다. 물질적 봉사, 신앙적 교제, 그리스도와의 영적 교제 등이 있다. "우리 가운데 있는 선(*agathou*, the good thing)"은 바울과 빌레몬에게 나타난 하나님의 선하심을 말한다. "그리스도께 이르도록"(*eis Christon*, toward Christ)은 빌레몬의 믿음이 성숙되기를 바라는 마음이 담겨있다.

"형제여 성도들의 마음이 너로 말미암아 평안함을 얻었으니 내가 너의 사랑으로 많은 기쁨과 위로를 받았노라."(7절) 형제여, 나는 네가 베푼 사랑으로 성도들이 용기를 얻게 되었다는 말을 듣고 큰 기쁨(great joy)과 위로(encouragement)를 받았다.

오네시모를 위해 부탁의 말을 하기 위한 전제가 담겨 있다. 빌레몬이 자신의 성숙한 믿음을 바탕으로 오네시모의 문제를 관대하게 처리해줄 것을 암시하고 있다.

3. 오네시모를 위한 부탁(8-21절)

"이러므로 내가 그리스도 안에서 아주 담대하게 네게 마땅한 일로 명할 수도 있으나."(8절) 그러므로 내가 그리스도 안에서 네가 해야 할 일(what is befitting)을 담대하게 명령할 수도 있다.

"아주 담대하게"(*pollen parresian*, much boldness)는 "아무 거리낌 없이"(complete freedom, ISV)라는 뜻이다. 자유롭게 말할 수 있는 마음의 상태를

표현하고 있다. 바울이 사도의 권위로 명령할 수 있지만 그렇게 하지 않겠다는 것이다.

"도리어 사랑으로써 간구하노라 나이가 많은 나 바울은 지금 또 예수 그리스도를 위하여 갇힌 자 되어."(9절) 그러나 사랑하는 마음으로 너에게 부탁하려고 한다. 이제 나 바울은 나이를 많이 먹었고, 그리스도를 전하는 일로 또한 갇힌 몸이 되었다. 바울의 이 때 나이가 약 60세 되었을 것으로 추정하고 있다.

"갇힌 중에서 낳은 아들 오네시모를 위하여 네게 간구하노라."(10절) 나 바울은 갇힌 중에 얻은 믿음의 아들 오네시모를 두고 너에게 간청한다. 바울이 이 편지를 쓰게 된 동기를 밝히고 있다.

"갇힌 중에서 낳은 아들"은 바울이 로마에 갇혀있을 때 오네시모가 바울의 전도를 받고 그리스도를 영접하여 새롭게 태어난 영적 아들이라는 뜻이다.

오네시모(Onesimus)는 문자적으로 "유익한", "유용한", "쓸모 있는"이란 뜻을 가지고 있으며, 빌레몬의 종이다. 바울을 도우며 이 편지를 빌레몬에게 전한 인물이다. 오네시모는 빌레몬의 종이었으나 도망쳐 로마로 간 것 같다. 18절에 따르면 그가 빌레몬 집에서 나올 때 물건을 훔쳐 가지고 나온 것으로 보인다. 하지만 그는 로마 감옥에 있을 때 바울을 만나 그리스도인이 되었다.

"그가 전에는 네게 무익하였으나 이제는 나와 네게 유익하므로."(11절) 그가 전에는 너에게 쓸모없는(*achreston*, useless) 사람이었으나 이제는 그대와 나에게 필요한(*euchreston*, useful) 사람이 되었다. 오네시모가 전에는 너에게 해를 끼칠 만큼 무익한 종이었지만 주를 영접한 뒤 달라져 이제는 빌레몬에게는 충성된 종으로, 복음 전도자 바울에게는 수종을 드는 자가 되었다. "유익하다"는 이 말은 오네시모의 이름이 지닌 의미이자, 바울에게 있어서 그의 가치가 큼을 보여주고 있다.

"네게 그를 돌려보내노니 그는 내 심복이라."(12절) 그래서 내 심장과 같은 그를 너에게 돌려보낸다. "심복"(*splanchna*, bowels, heart)은 문자적으로 "내부", "내장"(심장, 마음, 허파 등)이라는 뜻으로, 인간의 애정이 깃들인 곳을 의미한다. 오네시모는 바울이 마음 속 깊은 곳에서부터 심히 아끼고 사랑하는 자, 곧 그의 일부라는 말이다.

로마 법상 주인은 노예에 대한 소유권과 생사권을 가지고 있었다. 주인은 도망 나온 노예를 얼마든지 죽일 수 있었다. 오네시모는 바울로부터 전도를 받아 그리스도인이 되었지만 아직 주인으로부터 법률적인 용서를 받지 못한 상태에 있다. 이런 상태에서 바울은 빌레몬에게 오네시모를 향한 자신의 애정을 표현하면서 정중하게 그를 용서해주도록 부탁하고 있다.

"그를 내게 머물러 있게 하여 내 복음을 위하여 갇힌 중에서 네 대신 나를 섬기게 하고자 하나."(13절) 나는 그를 내 곁에 두고 내가 복음을 위하여 갇혀 있는 동안에 너를 대신해서 나에게 시중들게 하고 싶었다. 빌레몬은 밖에 있어서 바울을 도울 수 없다. 하지만 오네시모는 감옥 안에 같이 있어 자신을 도울 수 있다. 그래서 그렇게 하고 싶었다는 것이다.

"다만 네 승낙이 없이는 내가 아무 것도 하기를 원하지 아니하노니 이는 너의 선한 일이 억지 같이 되지 아니하고 자의로 되게 하려 함이라."(14절) 하지만 너의 승낙(your consent)이 없이는 아무것도 하고 싶지 않다. 나는 네가 선한 일(the good deed)을 마지못해서 하지 않고, 자진해서 하기를 원하기 때문이다.

오네시모가 그리스도인이 되었지만 아직은 법적으로 노예 신분을 벗어난 것은 아니다. 바울은 빌레몬의 소유권을 존중하면서 그의 선처를 바라고 있다.

"아마 그가 잠시 떠나게 된 것은 너로 하여금 그를 영원히 두게 함이리니."(15절) 그가 잠시 동안 너를 떠난 것은, 아마 너로 하여금 영원히 그를 데리고 있게 하려는 것이었는지도 모른다.

바울은 오네시모가 도망하게 된 것을 "잠시 떠나게 된 것"(he was separated from you for a while)으로 보았다. 이것은 그의 도망에 하나님의 섭리가 있음을 보여준다. 하나님이 그로 하여금 바울을 만나 신앙을 갖게 하셨고, 새로운 사람이 되어 주인에게 돌아오게 하셨기 때문이다. "너로 하여금 그를 영원히 두게 함이리니"(have him back forever)는 이제 오네시모는 다시 도망하지 않는 신실한 종으로서 이 땅에서 빌레몬을 섬길 뿐 아니라 같은 신앙의 형제로서 영원히 그와 함께 살게 되었다는 말이다. 그의 육체적인 잠시 떠남(도망)이 오히려 영적인 전화위복이 되었음을 말하고 있다.

"이 후로는 종과 같이 대하지 아니하고 종 이상으로 곧 사랑 받는 형제로 둘 자라 내게 특별히 그러하거든 하물며 육신과 주 안에서 상관된 네게랴." (16절) 이제부터는 그를 종(*doulos*, slave)으로서가 아니라 종 이상의 사랑하는 형제(*adelphon agapeton*, a beloved brother)로 대해 주라. 나에게 이처럼 소중한 그는 종으로서, 주님을 믿는 형제로서 그대에게 더욱더 소중할 것이다. 주인과 종이라는 사회적 신분을 떠나 하나님 안에서 영원한 한 가족, 신앙의 형제로서 오네시모를 대하라는 말이다.

"그러므로 네가 나를 동역자로 알진대 그를 영접하기를 내게 하듯 하고." (17절) 그러므로 그대가 나를 동역자로 생각하면, 나를 맞이하듯이 그를 맞아 주라. "동역자"(*koinonon*, a partner)는 코이노니아, 곧 신앙 안에서 사랑의 교제를 나누는 사람이라는 뜻이다.

"그가 만일 네게 불의를 하였거나 네게 빚진 것이 있으면 그것을 내 앞으로 계산하라."(18절) 그가 너에게 잘못한 것이 있거나, 빚진 것이 있거든, 그것을 내 앞으로 달아놓으라.

"계산하라"(*elloga*, charge)는 "청구하라"는 것이다. 오네시모가 빌레몬에게 끼친 손해를 보상하겠다는 뜻이다. 사랑으로 관용하기를 바라지만 이것이 허락되지 않는다면 기꺼이 그가 끼친 해를 금전으로라도 갚겠다는 말이다. 형제를 위한 바울의 진정한 희생정신이 보인다.

"나 바울이 친필로 쓰노니 내가 갚으려니와 네가 이 외에 네 자신이 내게 빚진 것은 내가 말하지 아니하노라."(19절) 내가 직접 이 글을 써서 말하지만 내가 갚겠다. 네가 오늘의 네가 된 것이 나에게 빚진 것이라는 사실을 나는 굳이 말하지 않겠다. 굳이 내가 이런 말을 하지 말아야겠지만 너도 나에게 빚진 것이 있음을 기억하라는 말이다.

바울이 친필로 썼다는 것은 그가 꼭 갚겠다고 차용증서를 쓴 것으로 해석하기도 한다. "네가 내게 빚진 것"은 바울이 빌레몬에게 신앙의 빚을 졌음을 말한다. 이 신앙의 빚에 비해 오네시모가 금전적으로 진 빚은 비할 바가 못 된다는 것이다.

"오 형제여 나로 주 안에서 너로 말미암아 기쁨을 얻게 하고 내 마음이 그리스도 안에서 평안하게 하라."(20절) 형제여, 내가 주님 안에서 너를 통해 기쁨을 얻게 하고(have joy, profit from you) 그리스도안에서 내 마음이 평안을 얻게 하라(refresh my heart in Christ).

"나는 네가 순종할 것을 확신하므로 네게 썼노니 네가 내가 말한 것보다 더 행할 줄을 아노라."(21절) 나는 그대가 내 말에 순종(*hypakoe*, obedience) 하리라는 것을 확신하고, 또 내가 말한 것 이상으로 잘 해주리라는 것을 알고 이 글을 쓴다.

4. 문안과 축도(22-25절)

"오직 너는 나를 위하여 숙소를 마련하라 너희 기도로 내가 너희에게 나아갈 수 있기를 바라노라."(22절) 그리고 내가 머물 방도 하나 마련해 놓으라. 여러분의 기도로 내가 그 곳에 갈 수 있게 되기를 바란다. "오직"(*hama*, at the same time)은 "그리고 동시에"라는 뜻이다. 오네시모를 환영하는 동시에 바울을 위해 숙소를 마련하라는 것이다. 내가 가겠다는 말이다.

"그리스도 예수 안에서 나와 함께 갇힌 자(*mou synaichmalotos*, my fellow prisoner) 에바브라와."(23절) 그리스도 예수님을 전파하다가 함께 옥에 갇힌 에바브라(Epaphras)가 너에게 문안한다. 에바브라는 골로새 시민으로, 골로새 교회 설립자로 알려져 있다. 당시 바울과 함께 감옥에 있었다.

"또한 나의 동역자 마가, 아리스다고, 데마, 누가가 문안하느니라."(23, 24절) 또 함께 일하는 마가와 아리스다고와 데마와 누가도 너에게 문안한다.

빌레몬서에 언급된 이 다섯 명은 골로새서 4:10-14에도 나와 있다. 마가(Mark)는 바나바의 조카로, 바울의 제1차 전도여행 때 동행했다. 아리스다고(Aristarchus)는 데살로니가 출신으로, 바울과 함께 예루살렘에서 로마까지 갔다. 데마(Demas)는 빌레몬서를 쓸 때까지는 바울의 동역자였으나 후에 바울을 떠났다(딤후 4:10). 누가(Luke)는 의사로, 바울의 두 번째 전도여행 중 드로아에서부터 동행했다. 다섯 사람가운데 에바브라를 제외한 네 사람은 감옥에 가지 않고 로마에서 복음을 전했다. 그래서 "나의 동역자"(*mou synergoi*, my fellow workers)라 했다.

"우리 주 예수 그리스도의 은혜가 너희 심령과 함께 있을지어다."(25절) 주 예수 그리스도의 은혜가 너의 영(*pneumatos hymon*, your spirit)과 함께 하기를 빈다. 바울은 거의 모든 서신을 이 같은 기원으로 끝맺었다.

James

야고보서

제1장 문안 인사, 시험과 믿음, 가난과 부, 시험과 유혹, 말씀과 실천

1. 문안 인사(1절)

하나님과 주 예수 그리스도의 종 야고보는 흩어져 있는 열두 지파에게 문안하노라(1절) 하나님과 주 예수 그리스도의 종인 야고보가 세계에 흩어져 사는 열두 지파에게 문안을 드린다.

1절은 문안인사로, 당시의 일반적인 서신 형식을 따라 발신자는 야고보, 수신자는 흩어져있는 열 두 지파, 그리고 문안하는 인사말로 이루어져 있다.

야고보(*Iakobos*, James)는 예수님의 동생으로 예루살렘 교회의 감독이었다(행 12:7). 그는 자신을 "하나님과 주 예수 그리스도의 종"이라 했다. "하나님의 종"은 구약적 칭호이고(삼상 3:9), "그리스도의 종"은 신약적 칭호이다(딤후 2:24).

"흩어져 있는"(*diaspora*, dispersion)은 디아스포라로 당시 이스라엘 본토를 떠나 흩어져 있는 유대 출신 성도를 가리킨다. "열두 지파"(the twelve tribes)는 혈통적 유대인이 아닌 영적으로 거듭난 유대 출신 그리스도인을 총칭한 것이다.

2. 시험과 믿음(2-8절)

2-4절은 시험(시련)에 대처할 수 있는 자세를 가르쳐주고 있다. 시험을 받을 때는 두려워하지 말고 오히려 기뻐하는 자세를 가져야 한다는 것이다. 시

련을 끝까지 참고 견디면 신앙이 성장하여 온전하고 흠 없는 인격이 형성되기 때문이다. 믿지 않는 사람들에게 있어서 시련은 고통이지만 믿는 성도들에게는 기쁨이 된다.

"내 형제들아 너희가 여러 가지 시험을 당하거든 온전히 기쁘게 여기라." (2절) 형제 여러분, 여러 가지 시험을 당하더라도 그것을 더할 나위 없는 기쁨으로 생각하라.

이 말씀은 시험에 대한 우리의 시각을 바꾸라는 말씀이다. 사람이 시험을 당하면 온전히 기뻐할 수 있는 사람은 아무도 없다. 그런데 기뻐할 수 없는 그 상황에서도 기뻐하라는 것이다. 이것은 시련이나 기쁨에 대한 우리의 시각을 달리할 필요가 있음을 말해준다.

시련 속에서 기쁨을 회복하려면 그 무엇보다 하나님과의 관계가 회복되어야 한다. 그 기쁨은 시련 속에서 주님이 주시는 기쁨이기 때문이다. 가난하고 힘든 흑인들의 찬양예배를 보라. 보릿고개 때 주님을 찾았던 우리 믿음의 선배들을 보라.

"형제들아" (*adelphoi*, brothers). 야고보는 이 서신을 통해 디아스포라 성도들을 형제들이라 불렀다. 그는 이 서신을 통해 많은 질책을 하면서도 형제애를 잊지 않았다. 이 형제들은 지금 예수를 믿는다는 오직 한 가지 이유 때문에 온갖 어려움을 당하고 있다. 그들을 향한 야고보의 마음이 애틋하지 않을 수 없다.

성경에서 "시험"은 크게 두 가지 종류가 있다. 하나는, 욥의 시험처럼 하나님께서 주시는 시험(test)으로 신앙의 진위, 마음의 의향을 알아보기 위한 것이다. 이것은 시련과 고난을 통해 오며 이를 잘 극복하면 신앙의 성숙을 가져온다. 하나님께서는 우리가 감당치 못할 시련을 주시지 않는다 하셨다. 다른 하나는, 사단에게서 오는 유혹(temptation)으로 신자를 하나님으로부터 멀어지게 한다. 악에 예속시킬 목적으로 욕심, 쾌락, 정욕 등 수단과 방법을 가리지 않는다. 이 경우, 우리는 하나님의 말씀으로 무장하고 기도하고 인내하면서 믿음으로 물리쳐야 한다.

이 구절에서 시험(*peirasmois*, trials)은 복수로 되어 있다. 여러 가지 시험이다. 신앙 때문에 외부로부터 겪는 고난과 환난을 가리킨다. 불 시험에서 같은 단어가 사용하고 있다. 그것은 말씀에 불순종해서 생기는 시험일수도 있고, 예수를 믿는 새로운 신분이 되어 당하는 시험일수도 있고, 욥의 경우처럼 갑작스런, 생각지 않은, 이해할 수 없는, 준비되지 않았는데 당하는 시험일 수 있다. 야고보는 믿음의 시련(3절)을 말하고 있다. 모두 연단을 위한 시험이다.

야고보는 고난의 대처방법가운데 첫째가 시련이 올수록 온전히 기뻐하라(*pasan charan*, all joy) 한다. 이 기쁨은 하나님만이 주시는 초자연적인 기쁨이다. 시련 앞에서 기뻐할 사람은 아무도 없다. 기뻐한다면 자연스럽지 못하다. 그럼에도 불구하고 기뻐할 수 있는 것은 하나님과의 관계에서 오는 내 영혼의 기쁨이다. 따라서 이 기쁨을 가지기 위해서는 하나님과의 관계를 더 깊게 가지는 것이 중요하다. 우리는 하나님 없이는 하루도 살 수 없다.

"(내 안에 거하라)--내가 이것을 너희에게 이름은 내 기쁨이 너희 안에 있어 너희 기쁨을 충만하게 하려 함이니라."(요 15:11) 이 기쁨을 가지려면 관점을 바꿀 필요가 있다. 특히 전체를 보는 시각을 가질 필요가 있다. 부분, 곧 상황만 생각하면 기쁨이 없다. 상황에 자신이 매몰되기 때문이다. 그러나 전체를 생각하면 부분의 아픔을 이겨낼 수 있다. 특히 이 시련을 이기고 나면 더 성숙해질 자신을 생각하며 고난까지 감사히 받고 기쁨으로 여기게 된다. 상황보다 관점이 중요하다. 육신의 처한 상황을 믿음의 눈으로 볼 때 고난을 기쁨으로 받아들일 수 있다.

"저는 그 앞에 있는 즐거움을 위하여 십자가를 참으사 부끄러움을 개의치 아니하시더니 하나님 보좌 우편에 앉으셨느니라"(히 12:2). 주님은 십자가 뒤에 올 기쁨을 생각하며 고통을 이기셨다. "오직 너희가 그리스도의 고난에 참예하는 것으로 즐거워하라 이는 그의 영광을 나타내실 때에 너희로 즐거워하고 기뻐하게 하려 함이라"(벧전 4:13).

"이는 너희 믿음의 시련이 인내를 만들어 내는 줄 너희가 앎이라."(3절) 믿음의 시련이 인내를 만들어낸다는 것을 알라.

"시련"(*dokimion*, testing)은 문자적으로 금과 은 등을 용광로에서 제련하는 것을 뜻하는 말이다. 여기서는 신앙적으로 단련시키는 것을 뜻한다. 시련에도 기뻐할 줄 알면 인내할 줄도 알게 된다. "인내"(*hypomone*, endurance)는 불굴의 정신, 야성을 가지고 훌륭하게 견디어 내는 것을 말한다. 시험은 인내를 가져온다. 인내의 능력을 갖게 한다. 하나님은 우리를 성장시키려고 망치로 깨뜨리고, 쇠 끌로 다듬으며, 용광로에 부어 불순물을 제거하신다. 이 기간 동안 우리는 잘 다듬어질 미래를 생각하며 기쁘게 참고 이겨야 한다.

믿음의 시련이 인내를 만들어낸다. 인내를 통해 하나님의 은혜를 체험하기 때문이다. 바울도 육체의 가시에 대해 기도했을 때 주님은 "네 은혜가 족하다" 하였다. 바울은 시련을 통해 치유보다 은혜의 충분함을 깨닫게 되었다. "사랑하는 자들아 너희를 시련하려고 오는 불 시험을 이상한 일 당하는 것같이 이상히 여기지 말고 오직 너희가 그리스도의 고난에 참예하는 것으로 즐거워하라."(벧전 4:12, 13)

"인내를 온전히 이루라 이는 너희로 온전하고 구비하여 조금도 부족함이 없게 하려 함이라."(4절) 그러므로 끝까지 참고 견디어 부족함이 없는 완전하고 성숙한 사람이 되라.

시련을 이길 수 있는 두 번째 방법은 인내하는 것임을 가르쳐 준다. "온전히 이루라"(have its perfect work)는 인내가 성과를 내기까지 참으라는 말이다. “온전히”(*teleioi*, perfect)는 하나님의 계획과 창조목적을 완전히 이룬다는 뜻이다. 어린이가 성인이 되고, 도토리가 참나무가 되는 것이다. “온전하고 구비하여”(be perfect and complete) 성숙함, 성장의 목표를 이뤄간다.

시련은 온전한 인격을 만든다. 여기에 시험의 진정한 목적이 있다. 시련을 이길 수 있는 길은 인내다. 시련은 불순물 제거하여 신앙의 동기를 순수하게 만들고, 우리의 인격도 성숙하게 만든다. 성숙한 자는 시련을 당할 때 인내하고, 인내를 완전히 이루는 자이다. 인내를 온전히 이루라. 시련에서 신앙의 진가가 드러난다.

5-8절에서는 부족함이 없는 온전함을 이루기 위해서는 지혜가 있어야 하며, 하나님께 이 지혜를 구해야 한다. 구하는 자는 조금도 의심치 말고 믿음으로 구해야 한다.

“너희 중에 누구든지 지혜가 부족하거든 모든 사람에게 후히 주시고 꾸짖지 아니하시는 하나님께 구하라 그리하면 주시리라.”(5절) 여러분 가운데 누구든지 지혜가 부족한 사람은 하나님께 기도하라. 그러면 꾸짖지 않고 모든 사람에게 후하게 주시는 하나님께서 주실 것이다. 시련을 이기려면 지혜가 필요하다. 따라서 지혜가 필요하면 하나님께 구해야 한다. 하나님은 구하는 자에게 넘치도록 주시는 분이시다.

여기서 지혜(*sophias*, wisdom)는 하나님을 믿는 자가 세상을 대처하는 지식을 말한다. 지혜는 단순히 알고 있는 지식을 가리키지 않고 영적이고 실제적인 통찰력을 의미한다. 시험을 당했을 때 어떻게 그 시험을 대처하여 승리할 것인가를 알게 해준다.

갑작스레 시련이 올 때 우리에게 필요한 것이 하나님의 지혜이다. 힘들고 어려울수록 이 지혜가 필요하다. 이 지혜는 기도를 통해 얻어지는 지혜이자 말씀을 통해 얻어지는 지혜이다. 하나님은 이 지혜를 통해 우리의 눈을 열어 주시고 깨닫게 해주신다. 눈에 보이지 않던 것이 보이게 하시고, 길을 보게 하신다.

"오직 믿음으로 구하고 조금도 의심하지 말라 의심하는 자는 마치 바람에 밀려 요동하는 바다 물결 같으니."(6절) 그러나 믿음으로 구하고 조금도 의심하지 말라. 의심하는 사람은 바람에 밀려 출렁거리는 바다 물결과 같다. 지혜를 구하되 하나님께서 주실 것이라는 확고한 믿음을 가지고 구하라는 것이다.

야고보는 자연으로부터 많은 비유를 들고 있는데, 그 보기 가운데 하나가 바로 "바다물결"(a wave of the sea)이다. 이것은 마치 예수님이 자주 자연으로부터 비유를 들어 가르치신 것과 유사하다. 바다물결은 안정됨이 없이 요동하는 상태를 은유한 것이다.

"이런 사람은 무엇이든지 주께 얻기를 생각하지 말라."(7절) 그런 사람은 주님에게서 무엇을 받으리라고 생각해서는 안 된다. 하나님께 믿음으로 구하지 않는 자, 하나님을 의심하는 자, 하나님을 향한 믿음이 바다 물결처럼 요동하는 자는 얻을 수 없다.

"두 마음을 품어 모든 일에 정함이 없는 자로다."(8절) 그는 두 마음을 품은(*dipsychos*, double-minded) 사람이요, 그의 모든 행동에는 안정이 없다(*akatastatos*, unstable). 그런 사람은 이중인격자로서 언제나 자기가 하는 일에 갈피를 못 잡고 흔들리는 자이다.

3. 가난과 부에 대하여(9-11절)

9-11절은 삶에 대한 태도를 가난한 자, 부유한 자에게 각각 다르게 교훈하고 있다. 이 구절 역시 시험을 통해 얻은 바를 생각하도록 하고 있다.

"낮은 형제는 자기의 높음을 자랑하고."(9절) 가난한 형제(비천한 성도)는 하나님이 자기를 높이실 때, 곧 자기가 높아지게 된 것을 자랑하라. 가난의 시험을 당하는 자는 물질의 부족으로 인해 하나님으로부터 영적 은총을 많이 받게 된 것을 자랑해야 한다는 말이다.

"낮은 형제"(the brother of low degree, humble circumstances)는 겸손의 미덕이 몸에 배인 그리스도인을 가리키기도 하지만(약 4:6) 여기서는 가난 때문에 낮은 신분으로 취급받는 사람들을 가리킨다. "자기의 높음"(in his exaltation, in that he is exalted)은 그리스도인이 지닌 내적인 은혜의 풍성함을 말한다. 그러므로 낮은 자여, 실망하지 말라. 높아지리라.

10-11절은 이사야 40:6-8의 말씀을 인용한 것이다.

"부한 자는 자기의 낮아짐을 자랑할지니 이는 그가 풀의 꽃과 같이 지나감이라."(10절) 부요한 형제는 하나님이 자기를 낮추실 때 기뻐하라. 부자도 들에 핀 꽃과 같이 사라지고 말 것이기 때문이다. 부한 자는 물질의 헛됨을 깨닫고 영적으로 겸손하게 된 것을 자랑해야 한다.

"자기의 낮아짐"(*tapeinosei*, humiliation)은 부유함으로 오만했던 지난날과는 달리 그리스도 안에서 새롭게 변화되어 겸손해진 것(becoming low)을 말한다. 높은 자여, 교만하지 말라. 오히려 낮아지라.

"해가 돋고 뜨거운 바람이 불어 풀을 말리면 꽃이 떨어져 그 모양의 아름다움이 없어지나니 부한 자도 그 행하는 일에 이와 같이 쇠잔하리라."(11절) 해가 떠서 뜨겁게 내리쬐면 풀은 마르고 꽃은 떨어져서 그 아름다움이 다 없어지고 만다. 마찬가지로 부요한 사람도 재물을 추구하다가 죽게 될 것이다. "뜨거운 바람"은 사막에서 팔레스타인을 향해 부는 바람을 말한다. 이 바람이 불면 모든 식물이 말라죽는다. 원문에는 "뜨거운 열기"(*kausoni*, burning heat)로 표현되어 있다.

4. 시험과 유혹에 대하여(12-18절)

12-18절에서는 두 종류의 시험이 언급되어 있다. 하나는 시련이고, 다른 하나는 유혹이다. 시련은 믿음의 단련을 위해 하나님이 허락하시는 시험이다. 이 시험을 극복하면 생명의 면류관을 얻게 해주신다. 유혹은 인간이 자기 욕심에 이끌려 당하는 시험이다. 욕심에서 나온 시험은 사망을 낳게 한다. 또한 하나님은 인간을 악으로 시험하지 않을 뿐 아니라 각종 좋은 은사를 주신다.

"시험을 참는 자는 복이 있나니 이는 시련을 견디어 낸 자가 주께서 자기를 사랑하는 자들에게 약속하신 생명의 면류관을 얻을 것이기 때문이라."(12절) 시험(*peirasmon*, trial, 시련)을 견뎌내는 사람은 복이 있다. 시험을 이기고 인정을 받은 사람은 하나님이 자기를 사랑하는 사람들에게 약속하신 생명의 면류관을 받을 것이다.

12절의 시험은 시련을 말한다. 주님은 자기를 사랑하는 자, 곧 시련을 이긴 자에게 생명의 면류관을 주신다. "복이 있나니"(*makarios*, blessed), 이 표현은 구약에서 자주 등장했고, 신약의 산상수훈에도 있다. "생명의 면류관"(*ton stephanon tes zoes*, the crown of life)은 성도들이 장차 하나님 나라에서 받을 기업의 여러 특성을 가리킨다.

"사람이 시험을 받을 때에 내가 하나님께 시험을 받는다 하지 말지니 하나님은 악에게 시험을 받지도 아니하시고 친히 아무도 시험하지 아니하시느니라."(13절) 시험(유혹)을 당할 때에, 아무도 "내가 하나님께 시험을 당하고 있다" 하고 말하지 말라. 하나님께서는 악에게 시험을 받지도 않으시고, 또 시험하지도 않으신다.

13절 이하의 "시험"은 유혹(temptation)을 말한다. 자기 욕심에서 비롯된 유혹을 하나님이 시험하는 것이라 생각해서는 안 된다. 하나님은 믿음의 연단을 위해 시련은 허락하시지만 인간에게 욕심을 일으켜 그 욕심에 유혹을 당하게 하지는 않으신다. 욕심을 부리는 것은 인간이지 하나님이 그것을 허락하지는 않으신다. 하나님은 유혹하시는 분이 아니므로 하나님 탓으로 돌리지 말라. 유혹에는 하나님 책임이 없다. 남 탓도 하지 말라. 유혹에 속지 말라. 유혹은 불순종과 신앙에 치명상을 가져온다.

"오직 각 사람이 시험을 받는 것은 자기 욕심에 끌려 미혹됨이니."(14절) 사람이 시험(유혹)을 받는 것은 자기 욕심(his own desire)에 끌려 유혹을 받기 때문이다. 유혹은 욕심으로 말미암는다는 말씀이다.

"욕심이 잉태한즉 죄를 낳고 죄가 장성한즉 사망을 낳느니라."(15절) 욕심(*epithymia*, desire)이 생기면 죄(*hamartia*, sin)를 낳고 죄가 자라면 죽음(*thanatos*, death)을 낳는다. 욕심은 인간을 사망하게 하는 근원이 된다. 여기서 "사망"은 육은 살아있을 지라도 영적으로 죽어 하나님과 교통할 수 없게 될 것을 가리킨다. 다윗을 보라. 밧세바를 보자 육욕이 불타 동침했고, 우리아도, 아이도 죽게 되었다. 말씀과 믿음으로 욕심을 제어하라. 회개할 기회가 주어질 때 회개하라.

"내 사랑하는 형제들아 속지 말라."(16절) 모든 유혹은 이번 한 번 만에서 출발한다. 속지 말라(*me planasthe*, do not be misled, deceived).

"온갖 좋은 은사와 온전한 선물이 다 위로부터 빛들의 아버지께로부터 내려오나니 그는 변함도 없으시고 회전하는 그림자도 없으시니라."(17절) 온갖 좋은 선물(every good gift, every generous act of giving)과 모든 완전한 은사(every perfect gift)는 위에서(*anothen*, from above), 곧 빛들을 지으신 아버지께로부터 내려온다. 아버지께는 이러저러한 변함이나 회전하는 그림자가 없으시다.

변함이 없으신 하나님으로부터 모든 좋은 은사가 오므로 세상 것에 미혹되지 말라는 말씀이다. 온갖 좋은 것이 위로부터 주어진다. 하나님이 어떤 분이신가 묵상하라. 하나님에 대한 신뢰의 마음을 회복하라. 하나님 품으로 돌아가라. "빛들의 아버지"(the Father of lights)는 천체의 발광체들을 창조하시고 다스리는 분이라는 뜻이다. 빛을 창조하시는 분이신 만큼 그분에게는 변함이나 어두움이 없다.

"그가 그 피조물 중에 우리로 한 첫 열매가 되게 하시려고 자기의 뜻을 따라 진리의 말씀으로 우리를 낳으셨느니라."(18절) 그분은 진리의 말씀(the word of truth)으로 우리를 낳아 모든 창조물 중에서 첫 열매가 되게 하셨다.

신약성경에서 첫 열매는 그리스도와 신자를 가리킨다. 이 구절에서 "첫 열매"(*aparchen*, firstfruits)는 모든 신자를 가리킨다. 첫 열매는 하나님께 속한 것으로, 모든 열매 중 가장 귀한 것이다. 하나님을 좇는 첫 사람이 되라. 유혹에서 승리하는 첫 사람이 되라. 본보기가 되라.

"자기의 뜻을 따라 진리의 말씀으로 우리를 낳으셨느니라"는 것은 복음으로 성도를 거듭나게 하여 새로운 피조물로 지으셨다는 말씀이다. 말씀을 통해 거듭나게 됨을 말하고 있다.

5. 말씀을 듣고 실천하라(19-25절)

19-27절에서, 야고보는 지금까지 실천의 원리를 언급한 차원을 뛰어넘어 실천에 대해 구체적으로 설명하고 있다. 이 부분에서 말을 조심할 것을 가르친 후에 행위를 강조하고 이 행위의 예로서 고아와 과부를 도와줄 것을 말하고 있다.

19-21절은 말씀을 듣고 온유하게 받아들일 것을 강조하고 있다.

"내 사랑하는 형제들아 너희가 알지니 사람마다 듣기는 속히 하고 말하기는 더디 하며 성내기도 더디 하라."(19절) 사랑하는 형제 여러분, 이것을 명심하라. 누구든지 듣기는 속히 하고 말은 천천히 하며 함부로 성내지 말라.

언어와 분노는 더딜수록 좋고, 듣는 것은 빠를수록 좋다. "듣기는 속히 하고 말하기는 더디 하며." 듣기는 속히 하라(quick to hear). 들어주라. 말하기는 더디 하라(slow to speak). 말을 아끼라. 주의 깊게 듣고 난 다음 신중하게 실천하라.

"성내기도 더디 하라."(slow to anger) 내면의 노여움을 조절하라. "성냄"(*orge*, anger)은 문자적으로 "부풀어 오름", "'팽창함"의 뜻을 가지고 있다. 분기가 팽창한다. 분노로 실패한 사람들이 많다. 가인은 분노 때문에 아벨을 죽였다. 그는 결국 "죄가 중하여 견딜 수 없나이다."라고 고백했다. 조사에 따르면 분노는 80-90%가 전염된다. 하나님을 생각함으로 참으라. 노하기를 더디 하는 자는 시비를 그치게 한다.

"사람이 성내는 것이 하나님의 의를 이루지 못함이라."(20절) 인간적인 분노는 하나님의 의로운 뜻을 이루지 못한다. 노하는 사람은 하나님의 의를 이루지 못한다는 말씀이다.

성냄(분노)은 하나님의 의(*dikaiosyne*, righteousness)를 드러내지 못한다. 모세는 원래 온유한 사람이었다. 그러나 백성들이 하도 심하게 데모를 하는 바람에 분노가 치밀어 지팡이로 반석을 세 번이나 내리쳤다. 세 번이나 분노를 표출했다. 그는 결국 그 사건으로 가나안에 들어가지 못하게 되었다. 분노 표출로 인해 하나님의 의를 드러내지 않았기 때문이다. 세상은 분노표출을 부추기고 있다. 분노표출로 당장의 목표를 이룰 수 있을지 몰라도 하나님의 의, 하나님의 계획을 가져다주지 못한다. 예수님은 십자가로 인해 상처와 모욕을 받았지만 분노를 표출하지 않았다.

"그러므로 모든 더러운 것과 넘치는 악을 내버리고 너희 영혼을 능히 구원할 바 마음에 심어진 말씀을 온유함으로 받으라."(21절) 그러므로 여러분은 온갖 더러운 것과 악을 버리고 마음에 심겨진 하나님의 말씀을 겸손히 받아들이라. 그 말씀에는 여러분의 영혼을 구원할 수 있는 능력이 있다. 21절이 말씀을 받아들일 것을 권면하고 있다. 모든 더러운 것과 넘치는 악을 내어 버리고, 그 대신 마음에 심긴 말씀이 작동하게 하라. "마음에 심긴 말씀"은 25절의 "온전한 율법"과 같은 말이다. 개인만이 아니라 교회도 경건과 긍휼을 지켜 행해야 한다.

"더러운 것"(*rhyparia*, filthiness)은 "귀지"라는 뜻이 있다. 귀지는 말씀을 막아 하나님의 말씀을 소홀히 하게 한다. 그리스도인이면서 성적 부도덕이든 험담이든 부도덕한 행동을 하는 것도 마찬가지. 농담으로 여기지 말라. 롯의 사위는 농담으로 여기다 죽었다. "넘치는 악(abounding wickedness)을 내버리고." 아직도 처리되지 않은 마음의 쓰레기를 치우라. 마음에 쓰레기가 있으면 그것이 나오게 되어 있다.

"마음이 심어진 말씀(the implanted word)을 온유함으로(in humility) 받으라." 말씀을 온전히 받고 실천하지 않으면 성숙할 수 없다. "심긴"(*emphyton*, implanted)은 이미 심겨져 있는 하나님의 말씀을 가리킨다. 그 말씀이 좋은 씨앗, 은혜의 DNA가 되어 작동한다. 그 씨를 활용하면 통제능력이 커진다. 하나님의 말씀을 마음에 심으면 분노를 일으키는 사건 앞에서 자동적으로 그 말씀을 생각하며 분노를 억제할 수 있다.

22-25절은 말씀을 실행할 것을 강조하고 있다.

"너희는 말씀을 행하는 자(*poietai*, doers)가 되고 듣기만 하여 자신을 속이는 자가 되지 말라."(22절) 여러분은 말씀을 듣기만 하여 자신을 속이지 말고 말씀을 실천하는 사람이 되라. 믿는 자가 말씀을 듣기만 하고 그것을 행동으로 옮기지 않으면 그것은 자신을 속이는(deceiving yourselves) 것과 같다.

말씀을 듣기만 하는 자(*akroatai*, hearers)가 되지 말고 그 말씀을 실천하는 자라 되라는 말씀이다. 우리가 하나님 말씀을 실천할 때 진리는 빛이 난다.

"누구든지 말씀을 듣고 행하지 아니하면 그는 거울로 자기의 생긴 얼굴을 보는 사람과 같아서"(23절) 말씀을 듣고도 행하지 않는 사람은 있는 그대로의 자기 얼굴을 거울 속으로 들여다보기만 하는 사람과 같다. 여기서 거울(*esoptro*, mirror)은 인간의 내면에 감추어진 죄를 드러내는 말씀의 진리를 나타낸다.

"제 자신을 보고 가서 그 모습이 어떠했는지를 곧 잊어버리거니와."(24절) 그는 자기 모양을 보고도 거울 앞에서 떠나면 곧 제 모습을 잊어버린다.

당시의 거울은 청동으로 만들어져 있어 희미하게 보여 자기의 모습을 곧 잊어버리게 된다. 자기 모습(영적인 모습)이 어떤지를 알면 고쳐야 하는데 그저 지나쳐 버린다. 말씀에 비추어 고쳐야 함에도 삶의 매무새를 고치지 않는다.

"자유롭게 하는 온전한 율법을 들여다보고 있는 자는 듣고 잊어버리는 자가 아니요 실천하는 자니 이 사람은 그 행하는 일에 복을 받으리라."(25절) 그러나 자유를 주는 완전한 그리스도의 법을 마음속에 새기고 그것을 지키는 사람은 듣고 잊어버리는 사람이 아니라 실천하는 사람이다. 이런 사람은 그가 하는 일에 복을 받을 것이다.

"온전한 율법"(the perfect law)은 그리스도의 법, 곧 복음을 말한다. "자유"(*eleutheria*, freedom), 이 용어는 21절의 "구원"과 말과 평행을 이룬다. 말씀에 순종하여 실행할 때 진정 자유 함을 얻는다. 복음은 명령문이다. 말씀대로 행하라.

6. 참된 경건에 대하여(26-27절)

"누구든지 스스로 경건하다 생각하며 자기 혀를 재갈 물리지 아니하고 자기 마음을 속이면 이 사람의 경건은 헛것이라."(26절) 누가 스스로 경건하다고 생각하면서도, 혀를 다스리지 않고 자기 마음을 속이면, 이 사람의 신앙은 헛된 것이다.

"경건하다(*threskos*, religious) 생각하며." 당시 유대인들은 이 용어를 기도, 금식, 예배 참석 등과 같은 종교의 외적 표현과 관련하여 생각했다. 하지만 이 구절에서 "경건"은 말에 재갈 물리는 것으로 구체화되고 있다. 그러므로 경건을 삶을 살려는 자는 혀를 통제하라는 것이다. 믿는 자라 말하면서 함부로 말을 내뱉으면 자기를 속이는 것, 곧 겉과 속이 다름을 드러내는 것이고, 그로 인해 그의 믿음은 가치 없는 것으로 평가된다. 그러므로 행함이 있는 경건을 추구하라. 말이 경건하지 못함은 영적으로 미숙하기 때문이라 생각하기도 한다. 하지만 욥도 입으로 죄를 범해 "멋대로 떠들었다." 직고했다. 영적으로 성숙한 자도 실수를 한다. 늘 자중해야 한다.

"하나님 아버지 앞에서 정결하고 더러움이 없는 경건은 곧 고아와 과부를 그 환난 중에 돌보고 또 자기를 지켜 세속에 물들지 아니하는 그것이니라."(27절) 하나님 아버지께서 보시기에 깨끗하고 흠이 없는 경건은, 고난을 겪고 있는 고아들과 과부들을 돌보아주며, 자기를 지켜서 세속에 물들지 않게 하는 것이다.

이 구절에서 경건, 하나님 아버지 앞에서 깨끗하고 순수한 참 경건(신앙)은 나보다 불쌍한 자를 돌아보고, 세속에 물들지 않도록 노력하는 것으로 구체화되고 있다. 고아와 과부는 소외된 사람들이다. 그 사람들에 대해 관심을 가지고 돌보라. 그러면 경건해지리라. 믿음은 행함으로 더욱 온전해진다.

제2장 차별하지 말라, 행함이 없는 믿음은 죽은 믿음이다

1. 차별하지 말라(1-13절)

1-13절에서 야고보는, 성도는 그리스도를 믿는 사람답게 빈부의 차이로 사람을 판단하지 말라 교훈하고 있다.

"내 형제들아 영광의 주 곧 우리 주 예수 그리스도에 대한 믿음을 너희가 가졌으니 사람을 차별하여 대하지 말라."(1절) 여러분은 영광의 우리 주 예수 그리스도를 믿고 있다. 그러니 사람을 차별하여(*en prosopolempsiais*, with partiality) 대하지 말라. 사람의 외모, 곧 겉모양만 보지 말라는 것이다. 여기서 외모는 그 사람의 신체적 구조를 말하는 것이 아니라 그 사람이 지닌 사회적, 외적인 조건과 신분을 말한다.

"만일 너희 회당에 금가락지를 끼고 아름다운 옷을 입은 사람이 들어오고 또 남루한 옷을 입은 가난한 사람이 들어올 때에."(2절) 이를테면 여러분의 회당(교회)에 화려한 옷을 입은 사람이 금반지를 끼고 들어오고 또 남루한 옷을 입은 가난한 사람도 들어온다고 하자.

"회당"(*synagoge*, assembly)은 이스라엘 백성들이 바빌로니아 포로기간 동안에 예루살렘에서 예배를 드릴 수 없게 되자 예배를 위한 만든 것이다. 그들은 예루살렘에 돌아온 후에도 이 회당제도를 계속 사용했으며 예수님과 사도들은 이곳을 복음을 전하는 장소로 활용했다. 그러나 여기서는 유대인의 회당을 말하는 것이 아니라 그리스도인들이 예배를 드리기 위해 모였던 장소를 의미한다.

"너희가 아름다운 옷을 입은 자를 눈여겨보고 말하되 여기 좋은 자리에 앉으소서 하고 또 가난한 자에게 말하되 너는 거기 서 있든지 내 발등상 아래에 앉으라 하면."(3절) 만일 여러분이 화려한 옷을 입은 사람은 좋은 자리에 앉히고, 가난한 사람에게는 "거기 섰든지 내 발치(footstool, 발 앞)에 앉으시오." 하고 푸대접한다고 하자.

세상에서는 부자에게 아부하고 가난한 사람을 멸시하는 일이 흔하다. 그러나 성도들이 교회에서 그렇게 구별하는 것이 과연 옳은 일인가.

"너희끼리 서로 차별하며 악한 생각으로 판단하는 자가 되는 것이 아니냐."(4절) 그것은 바로 여러분은 서로 차별을 하고, 나쁜 생각으로 남을 판단하는 사람이 된 것이 아니고 무엇이겠는가.

"악한 생각"(evil thoughts)은 부를 편애하여 인간의 참된 가치를 보지 못하는 사고방식을 말한다.

"내 사랑하는 형제들아 들을 지어다 하나님이 세상에서 가난한 자를 택하사 믿음에 부요하게 하시고 또 자기를 사랑하는 자들에게 약속하신 나라를 상속으로 받게 하지 아니하셨느냐."(5절) 여러분, 들으라. 하나님께서는 세상의 가난한 사람을 택하셔서 믿음에 부요한 사람이 되게 하시고, 하나님을 사랑하는 이들에게 약속하신 그 나라의 상속자(heirs)가 되게 하시지 않았는가.

하나님은 사람들과 달리 마음이 가난한 자를 택하셔서 부요하게 하셨다. 비록 물질로는 가난했지만 믿음으로 부요하고, 장차 하나님으로부터 유업을 받을 자들이다.

"너희는 도리어 가난한 자를 업신여겼도다 부자는 너희를 억압하며 법정으로 끌고 가지 아니하느냐."(6절) 그런데도 여러분은 가난한 사람들을 업신여기고 있다. 여러분을 괴롭히며 법정으로 끌어가는 사람들은 부자들이 아닌가? "억압하며"(oppressing)는 고리대금, 수탈 등을 시행함에 있어서의 강제성을 말한다. 가난한 채무자를 학대하는 것이 그 보기이다. 그들은 자신의 재산을 늘리고 지키기 위해 가난한 자를 학대하고 돈으로 매수한 법관들에게 넘겨주기도 하였다. 이 말씀은 성도들로 하여금 이처럼 되지 말고 가난한 마음을 가져 공의를 세우라는 뜻을 담고 있다.

"그들은 너희에게 대하여 일컫는 바 그 아름다운 이름을 비방하지 아니하느냐."(7절) 여러분에게 주어진 고귀한 이름(거룩한 칭호)을 모독하였던(욕하고 멸시하였던) 자들이 바로 부자들이 아닌가(현대인의성경). 이것은 "아름다운 이름"(*to kalon onoma*, the good Name, the honorable name)을 "성도"라는 고귀한 이름으로 본 것이다. 그러나 새번역은 "여러분이 받드는 그 존귀한 이름을 모독하는 사람도 부자들이 아닙니까?"라고 번역했다. 이 경우 "아름다운 이름"을 "하나님"으로 본 것이다.

8-11절은 성도들의 대사회적 인간관계 원리를 제시하고 있다. 그 원리의 중심은 사랑이다.

"너희가 만일 성경에 기록된 대로 네 이웃 사랑하기를 네 몸과 같이 하라 하신 최고의 법을 지키면 잘하는 것이거니와."(8절) 만일 여러분이 성경이 기록되어 있는 대로 "네 이웃을 네 몸과 같이 사랑하라." 하신 최고의 법을 지키면 잘하는 것이다.

여기에서 "성경"(*graphe*, the Scripture)은 모세의 오경을 통칭하는 말이다. 그러나 레위기를 가리키기도 한다(레 19:18). "최고의 법"(*nomos basilicos*, the royal law)은 율법의 핵심주제인 사랑의 법을 말한다. 사랑의 법이 이같이 불리는 것은 이 법이 모든 것을 종합하기 때문이다. 이 법을 지킨다면 가난한 사람을 박대하는 일은 없을 것이다.

"만일 너희가 사람을 차별하여 대하면 죄를 짓는 것이니 율법이 너희를 범법자로 정죄하리라."(9절) 그러나 여러분이 차별해서 사람을 대하면 죄를 짓는 것이요, 여러분은 율법을 따라 범법자로 판정을 받게 된다.

"누구든지 온 율법을 지키다가 그 하나를 범하면 모두 범한 자가 되나니." (10절) 누구든지 율법을 다 지키다가도 그 중에 하나를 어기면 율법 전부를 범한 것이 되기 때문이다.

"간음하지 말라 하신 이가 또한 살인하지 말라 하셨은즉 네가 비록 간음하지 아니하여도 살인하면 율법을 범한 자가 되느니라."(11절) "간음하지 말라."고 하신 분이 "살인하지 말라."고도 하셨다. 그러므로 간음하지 않았다 해도 살인을 하게 되면 율법을 범한 셈이 된다. 11절은 10절에 대한 구체적 설명이다.

"너희는 자유의 율법대로 심판 받을 자처럼 말도 하고 행하기도 하라."(12절) 성도 여러분은 자유를 주는 그리스도의 법에 따라 판단을 받게 된다는 것을 잊지 말고 늘 조심스럽게 말하고 행동하라. "자유의 율법"(the law of freedom)은 야고보서 1:21의 "마음에 심긴 말씀", 1:25의 "온전한 율법", 2:8의 "최고의 법"과 같은 말이다.

"긍휼을 행하지 아니하는 자에게는 긍휼 없는 심판이 있으리라 긍휼은 심판을 이기고 자랑하느니라."(13절) 자비(*eleos*, mercy)를 베풀지 않는 사람에게는 자비 없는 심판이 있을 것이다. 자비는 심판을 이긴다. 긍휼을 실천할 것을 강조하고 있다. "긍휼은 심판을 이기고"(mercy triumphs over judgment)는, 만일 사람이 다른 사람에게 긍휼을 베풀면 하나님 역시 심판 날에 그에게 긍휼을 베푸실 것임을 뜻한다. 긍휼을 행하지 않는 자는 하나님으로부터 긍휼 없는 심판을 당하게 된다.

2. 행함이 없는 믿음은 죽은 믿음이다(14-25절)

14-25절은 믿음과 행위의 관계가 설명되어 있다. 행위가 없는 믿음은 무가

치한 것임을 말한 후에 아브라함과 라합 등 행위가 있는 믿음을 소개하고 있다.

14-26절은 믿음과 행위의 관계를 논하고 있다. 믿음과 행위는 결코 분리될 수 없다. 믿음은 행동과 함께 하며, 행동은 믿음의 구체적 실현이기 때문이다.

"내 형제들아 만일 사람이 믿음이 있노라 하고 행함이 없으면 무슨 유익이 있으리요 그 믿음이 능히 자기를 구원하겠느냐."(14절) 믿음이 있다고 하면서 실천하지 않으면 무슨 소용이 있겠는가? 그런 믿음으로 구원을 받을 수 있겠는가?

이 말씀은 "믿음으로 구원을 받는다."는 바울의 주장을 뒤집는 것이 아니다. "믿음으로 구원을 받는다."면서 행위를 무시하는 거짓바울주의자들을 겨냥한 말씀으로, 행위를 무시하는 어그러진 신앙상태를 지적하고 있다. 행위는 믿음의 외적 증거다. 사랑의 실천이 없는 믿음은 참된 믿음이 아니다. 신앙은 믿음의 대상에 대한 합당한 사랑의 행위가 반드시 뒤따라야 한다는 말씀이다.

"만일 형제나 자매가 헐벗고 일용할 양식이 없는데."(15절) 어떤 형제나 자매가 당장 입을 옷이 없고 끼니를 때울 양식이 없다고 치자.

"너희 중에 누구든지 그에게 이르되 평안히 가라, 덥게 하라, 배부르게 하라 하며 그 몸에 쓸 것을 주지 아니하면 무슨 유익이 있으리요."(16절) 그런데도 여러분 가운데 누가 "평안히 가십시오. 몸을 따뜻하게 하십시오. 배불리 먹으십시오."라고 말하면서 실제로 그에게 필요한 것을 주지 않는다면 그런 말이 무슨 소용이 있겠는가.

"평안히 가라, 덥게 하라, 배부르게 하라." 이 말은 타성적인 말이다. 한 번 하고 그치는 말이 아니라 계속 반복하는 상투어다.

"이와 같이 행함이 없는 믿음은 그 자체가 죽은 것이라."(17절) 이와 같이 행동이 따르지 않는 믿음은(if it have not works) 그 자체가 죽은 것이다. 행함이 없이 형식적으로 믿는 믿음은 이 세상에 아무런 영향을 줄 수 없는 죽은 믿음이다. 이 구절은 15-16절의 결론이다.

“어떤 사람은 말하기를 너는 믿음이 있고 나는 행함이 있으니 행함이 없는 네 믿음을 내게 보이라 나는 행함으로 내 믿음을 네게 보이리라 하리라.”(18절) 어떤 사람은 이렇게 말할 것이. "너에게는 믿음이 있고, 나에게는 행함이 있다. 행함이 없는 너의 믿음을 나에게 보여라. 그리하면 나는 행함으로 나의 믿음을 너에게 보이겠다.”

행함과 믿음이 서로 별개의 것이 아니다. 영적 생활에 있어서 행함은 믿음의 외적 결과, 곧 열매임을 암시하고 있다. 믿음은 씨앗이고, 행함은 열매와 같다. 행함이 없는 믿음은 죽은 씨앗과 같다. 씨앗과 열매는 모두 중요하다. 씨앗만 강조하거나 열매만 강조해서는 안 된다. 믿음과 행위는 같이 가야 한다. 이 점에서 우리는 거룩한 균형감각을 유지해야 한다.

“네가 하나님은 한 분이신 줄을 믿느냐 잘하는 도다 귀신들도 믿고 떠느니라.”(19절) 그대는 하나님께서 한 분이심을 믿고 있다. 잘하는 일이다. 그런데 귀신들도 그렇게 믿고 떤다.

“하나님은 한 분”은 유일신론에 대한 확증이다(신 6:4, 막 12:29). 유일신 교리는 유대교 신앙의 핵심을 이룬다. 하나님이 한 분이라는 사실은 귀신들도 알고 그분의 존귀함을 두려워한다. “믿고 떠느니라.”는 “곤두선다.”는 뜻이다. 하나님 앞에서 머리가 곤두 설만큼 하나님을 두려워한다. 그러나 변화나 회개가 없고 열매를 맺지 못한다. 방향전환이 없다. 머리로만 믿는 것은 믿는 것이 아니다. 하나님을 안다고 하면서 행동에서 아무 열매가 없고 악을 행한다면 귀신도 두려워하는 하나님을 모르는 무지한 짓이요 하나님의 존귀함을 알고도 악을 행하는 귀신과 다를 바 없다. 하나님을 인정했다고 균형 잡힌 것은 결코 아니다.

“아아 허탄한 사람아 행함이 없는 믿음이 헛것인 줄을 알고자 하느냐.”(20

절) 아, 어리석은 사람이여, 그대는 행함이 없는 믿음은 쓸모가 없다는 것을 알고 싶은가.

"허탄한" (*kene*, foolish)은 문자적으로 "헛된", "텅빈" 이라는 뜻이다. 하나님으로부터 분리되어 영적으로 무지한 상태가 된 것을 말한다. "허탄한 사람"은 사상만 되 뇌이고 삶의 실상이 없는 패역한 자를 뜻한다.

1-26절에서 야고보는 아브라함과 라합의 예를 들고, 그들이 행함으로 의롭다 함을 얻었음을 역설하고 있다. 그렇다고 야고보가 바울이 말한 믿음을 통한 구원, 곧 믿음을 인정하지 않은 것은 아니다. 행함이 있는 믿음, 곧 믿음과 행함 모두 중요하다는 것을 강조한 것이다. 그러므로 바울과 야고보의 주장이 서로 모순 된 것은 아니다.

"우리 조상 아브라함이 그 아들 이삭을 제단에 바칠 때에 행함으로 의롭다 하심을 받은 것이 아니냐." (21절) 우리 조상 아브라함이 아들 이삭을 제단에 드릴 때 그가 행한 일로 의롭다는 인정을 받지 않았는가.

"의롭다 하심" 은 하나님이 그리스도의 구속을 믿는 신자들을 의롭다고 선언하시는 것을 뜻한다. 이것은 신자들이 불의한 죄인임에도 불구하고 하나님이 무죄하다고 선언하시는 것을 의미한다. 이 구절에서 "행함으로(*ex ergon*, by works) 의롭다 하심(*edikaiothe*, was justified)" 은 믿음을 실천한 것을 말한다. 아브라함은 하나님을 믿었고, 그 믿음은 행위로 나타났다. 그 행위는 믿음의 결과였다. 그 믿음과 행위를 보고 의롭다 하신 것이다.

"네가 보거니와 믿음이 그의 행함과 함께 일하고 행함으로 믿음이 온전하게 되었느니라." (22절) 여러분도 알고 있듯이 그의 믿음에는 행동이 따랐고, 그것으로 그의 믿음이 완전하게 되었다(was perfected). 아브라함의 믿음의 절정은 이삭을 바칠 때이다(창 22장). 행함으로 인해 그의 믿음이 완전하게 되었다. 행위의 시작부터 마지막까지 믿음이 함께 있었고, 그 행위는 믿음이 구체화된 것이다.

"이에 성경에 이른 바 아브라함이 하나님을 믿으니 이것을 의로 여기셨다는 말씀이 이루어졌고 그는 하나님의 벗이라 칭함을 받았나니."(23절) 그래서 "아브라함이 하나님을 믿었으므로 하나님은 이 믿음 때문에 그를 의롭게 여기셨다."는 성경 말씀이 이루어졌고 그는 "하나님의 친구"로 불려졌다. "하나님의 벗"(*philos Theou*, a friend of God)은 아브라함이 하나님 앞에서 의로운 자로 인정받았음을 보여주는 말이다(대하 20:7). 그는 하나님이 준비하실 것을 믿었다. 이삭이 바쳐진다 하더라도 하나님이 이삭을 살리실 것을 확신했다.

"이로 보건대 사람이 행함으로 의롭다 하심을 받고 믿음으로만은 아니니라."(24절) 따라서 사람이 의롭다는 인정을 받는 것은 행동으로 되는 것이지 믿음만으로 되는 것이 아니다. 여기서 "믿음"은 하나님의 말씀에 대해 행위가 수반되지 않은 단순한 이론적인 인식(19절)만을 말한다. 행위의 열매 없이 말만 거창한 가식적 믿음은 안 된다는 것이다.

"또 이와 같이 기생 라합이 사자들을 접대하여 다른 길로 나가게 할 때에 행함으로 의롭다 하심을 받은 것이 아니냐."(25절) 기생 라합도 이스라엘 정찰병을 숨겼다가 다른 길로 안전하게 보낸 그 일(행함)로 의롭다는 인정을 받았다. "사자(*tous angelous*, the messengers)를 접대하여"는 여호수아가 여리고로 두 정탐꾼을 파견했을 때 기생 라합이 그들을 숨겨주어 구원해준 사실을 가리킨다. 라합은 은밀한 가운데 순종했다. 성령의 음성에 민감하게 반응했고, 죽음을 두려워하지 않고 숨겨주었다. 머리로만 아는 것은 신앙이 아니다.

"영혼 없는 몸이 죽은 것 같이 행함이 없는 믿음은 죽은 것이니라."(26절) 영이 없는 몸이 죽은 것처럼 행동이 따르지 않는 믿음은 죽은 것이다. 믿음은 행함으로 더 완전하게 된다. 그 믿음이 살아 역사하는 믿음임을 보여준다.

제3장 말의 절제, 참 지혜와 거짓 지혜

1. 말의 절제: 혀를 길들이라(1-12절)

1-12절에서 야고보는, 신자들은 말을 조심해야 할 것을 강조하고 있다. 이미 1:19, 26에서 말에 대해 가르친 바 있다. 하지만 특히 여기서는 배의 키, 불, 등불, 샘, 열매 등으로 비유하며 더 자세히 언급하고 있다.

"내 형제들아 너희는 선생 된 우리가 더 큰 심판을 받을 줄 알고 선생이 많이 되지 말라."(1절) 여러분은 선생이 되려고 하는 사람이 많아서는 안 된다. 여러분이 아는 대로, 가르치는 사람인 우리가 더 큰 심판을 받을 것이다.

"더 큰 심판"(*meizon krima*, greater judgment)은, 선생은 큰 영향력을 갖고 있기 때문에 선생에게 그만큼 더 큰 책임이 있다는 것이다(마 23:1-33, 눅 20:47). "선생이 많이 되지 말라", 여기서 선생(*didaskaloi*, teachers)은 유대교 랍비들 또는 유대교 출신 거짓 선생을 염두에 두고 한 말로 보인다. 가르치는 말과 행동에서 일치되지 않은 자가 많기 때문이다. 하지만 선생을 그에 한정시킬 필요는 없다. 선생은 부모도 되고 윗사람도 된다. 따라서 말 한대로 살 자신이 없으면서 말을 많이 하지 않는 것이 좋다.

"우리가 다 실수가 많으니 만일 말에 실수가 없는 자라면 곧 온전한 사람이라 능히 온 몸도 굴레 씌우리라."(2절) 우리는 다 실수가 많은 사람들이다. 만일 사람이 말에 실수가 없으면 그는 온 몸도 굴레 씌울 수 있는(*dynatos chalinagogesai*, able to bridle), 곧 자기 자신을 다스릴 수 있는 완전한 사람이다. 인간은 누구나 죄인이지만 말을 제어할 능력이 있으면 자신의 행동도 자제할 수 있고, 상대적으로 온전한 자라 인정받을 수 있다는 말이다.

"실수가 많으니"(*ptaiomen*, stumble)는 문자적으로 "걸려 넘어진다."는 뜻이다. 이것은 인간의 연약함을 보여주는 말이다. "온전한 사람이라"(*teleios aner*, a perfect man)는 것은, 혀는 제어하기가 너무 어렵기 때문에 이를 제어할 수 있는 사람은 그의 삶에 있어서 다른 모든 행동을 완전하게 다스릴 수 있다는 말이다.

"우리가 말들의 입에 재갈 물리는 것은 우리에게 순종하게 하려고 그 온몸을 제어하는 것이라."(3절) 말을 부리려면, 그 입에 재갈(*chalinous*, bits)을 물린다. 그리하여 우리는 말의 온 몸을 끌고 다닐 수 있다. 마찬가지로 우리말에 실수가 없게 하고 순종하게 하려면 입에 재갈을 물려야 한다는 말이다. 혀를 통제할 필요가 있기 때문이다.

혀를 길들이는 이유가 있다. 혀로 짓는 죄가 너무 중하고, 그로 인해 더 큰 심판(미래시점)을 받기 때문이다. 따라서 입에 재갈을 물리고 조심할 필요가 있다. "네 말로 의롭다함을 얻고 네 말로 정죄함을 받으리라."(마 12:37) "은혜가운데 소금으로 맛을 냄과 같이 하라."(골 4:6)

"또 배를 보라 그렇게 크고 광풍에 밀려가는 것들을 지극히 작은 키로써 사공의 뜻대로 운행하나니."(4절) 배를 보라. 그렇게 큰 배가 강풍에 밀려 다녀도 항해사는 아주 작은 키 하나(a very small rudder, helm)로그 배를 마음대로 조종한다.

말은 입에 재갈을 물림으로써, 배는 방향을 가늠하는 키를 조종함으로써 통제가 가능하듯이 사람의 행동은 말에 달려있다는 말이다. 성도는 말을 하기 전에 스스로 질문해야 할 세 가지가 있다. 첫째, 지금 하려는 이 말은 사실인가? 자신의 인격과 명예를 걸 자신이 있는가? 둘째, 이 말이 꼭 필요한가? 내가 왜 이 말을 해야 하는가? 끝으로, 이 말은 사랑으로 하는 말인가? 친절한 말인가? 상처를 주는 말인가?

5-12절은 혀의 위력에 대해 말하고 있다.

"이와 같이 혀도 작은 지체로되 큰 것을 자랑하도다 보라 얼마나 작은 불이 얼마나 많은 나무를 태우는가."(5절) 이와 같이 사람의 혀도 몸의 작은 부분에 불과하다. 하지만 그것을 잘못 사용하면 큰 손해를 가져온다. 작은 불씨가 큰 숲을 태우지 않는가? 혀는 비록 작지만 그것을 잘못 사용하면 온 몸을 망치고 만다.

"혀는 곧 불이요 불의의 세계라 혀는 우리 지체 중에서 온 몸을 더럽히고 삶의 수레바퀴를 불사르나니 그 사르는 것이 지옥 불에서 나느니라."(6절) 사람의 혀는 불(*pyr*, fire)과 같고, 불의(*adikias*, iniquity)의 세계, 곧 악으로 가득 찬 세계와 같다. 혀는 몸의 한 부분이지만 온 몸을 더럽히고 인생의 수레바퀴에 불을 지르고, 결국에는 혀도 지옥의 불에 타버린다.

"삶의 수레바퀴를 불사르나니 "는 "삶의 수레바퀴"(the course of our life), 곧 삶의 전체 또는 삶의 모든 과정이 완전히 파멸됨을 뜻한다. 우리의 생애, 인생 전체를 불태우고 만다. 혀는 강한 파괴력을 가지고 있다.

"그 사르는 것이 지옥 불에서 나느니라." "그 사르는 것"(*phlogizomene*, being set on fire)은 불을 놓는 것을 가리킨다. "지옥 불"은 혀의 악의 근원이 마귀라는 뜻에 대한 상징적인 표현이다. 혀 그 자체도 지옥 불에 타고 만다. "지옥"(*Gehenna*, hell), 이 말은 문자적으로 "힌놈의 골짜기"라는 뜻이다. 이 골짜기는 아이를 제물로 바치던 곳이다. 그곳에서 아이를 제물로 바치지 못하도록 금하자 죽은 동물과 시체를 태우는 쓰레기장으로 변했고, 계속 불태워 마치 지옥을 연상케 해서 나온 말이다.

7-12절은 혀를 통제할 수 없을 때 일어나는 사악함과 이중성을 고발하고 있다.

"여러 종류의 짐승과 새와 벌레와 바다의 생물은 다 사람이 길들일 수 있고 길들여 왔거니와."(7절) 들짐승과 새와 기는 짐승과 바다의 생물들은 어떤 종류든지 모두 사람에 의해 길들여지고 있고, 길들여졌다.

"혀는 능히 길들일 사람이 없나니 쉬지 아니하는 악이요 죽이는 독이 가득한 것이라."(8절) 그러나 사람의 혀를 길들일 수 있는 사람은 아무도 없다. 혀는 걷잡을 수 없는 악이며, 죽음에 이르게 하는 독으로 가득 차 있다. 사람이 동물들을 길들일 수는 있지만 그 작은 사람의 혀는 길들일 수 없다는 말씀이다. 이 구절은 혀가 얼마나 사악한가를 보여준다.

"죽이는 독"(deadly poison)은 길들이지 못한 혀를 가리키는 말로, 그 혀는 마음대로 움직여 악을 뿜어내고 다른 사람을 매장시키기도 한다. 혀로써 저주를 하는 것은 그의 영혼을 상하게 하는 영적 살인을 하는 것과 같다. 사람이 혀를 길들일 수 없지만 하나님은 길들일 수 있다. 성령이 그를 주장하면 혀에 놀라운 변화가 일어난다. 사람의 죽고 사는 것이 혀에 달려있다(잠 18:21). 내 인생의 흥망성쇠 내 언어에 달려있다.

"이것으로 우리가 주 아버지를 찬송하고 또 이것으로 하나님의 형상대로 지음을 받은 사람을 저주하나니."(9절) 우리는 이 혀로 주님이신 하나님 아버지를 찬양하기도 하고, 또 이 혀로 하나님의 형상(*homoiosin Theou*, the likeness of God)대로 지음을 받은 사람들을 저주하기도 한다. 혀가 얼마나 이중성을 가지고 있는가를 말하고 있다.

"하나님의 형상대로 지음을 받은 사람"은 사람의 본래적 형상을 말하며 외형적이라기보다 인격과 관계된 내면성을 말한다. 사람이 하나님의 형상대로 창조되었다는 말씀은 창세기에 기록되어있다(창 1:26, 27). 하나님께서 인간을 창조하실 때 당신의 거룩하심과 공의성, 진실성, 자비성 등 내면적 속성을 인간의 심성에 부여했다는 뜻이다.

"한 입에서 찬송과 저주가 나오는도다 내 형제들아 이것이 마땅하지 아니하니라."(10절) 한 입(the same mouth, 같은 입)에서 찬송(*eulogia*, blessing)과 저주(*katara*, cursing)가 나오고 있다. 형제 여러분, 이렇게 해서는 안 된다. 하나님이 주신 혀로 하나님을 거룩히 찬양하며, 또 하나님이 자기 형상을 따라 만든 인간을 저주하기도 한다. 그리스도인이 이런 이중적인 생활을 해서 되겠는가.

"샘이 한 구멍으로 어찌 단 물과 쓴 물을 내겠느냐."(11절) 한 샘(the same spring, 같은 샘)에서 단물(*glyky hydor*, fresh water)과 쓴 물(*pikron hydor*, bitter water)이 함께 나올 수 있겠는가.

"내 형제들아 어찌 무화과나무가 감람 열매를, 포도나무가 무화과를 맺겠느냐 이와 같이 짠 물이 단 물을 내지 못하느니라."(12절) 무화과나무가 올리브 열매를 맺거나, 포도나무가 무화과 열매를 맺을 수 있겠는가? 마찬가지로 짠 샘(*halykon pege*, salty spring)은 단 물을 낼 수 없다.

복음을 믿는 사람, 하나님을 찬양하는 사람은 복음에 합당한 말을 해야 한다. 하나님을 믿는다 하면서 남을 저주하는 사람은 두 마음을 품은 사람이다. 단물에서 단 것이 나오고, 쓴물에서 쓴 것이 나오듯, 무화과나무에서 무화과가 열리고 감람나무에서 감람열매가 열리듯 그 마음에 있는 것이 혀를 통해 그대로 드러난다. 하나님 앞에 정직하게 자신을 점검해보자. 그리고 창조적인 혀, 거듭난 혀를 가지고 신앙생활을 하자.

2. 참 지혜와 거짓 지혜(13-18절)

13-18절은 성도들이 참 지혜를 구해야 한다는 것을 강조하고 있다. 지혜에 대해서는 이미 1:5에 나와 있다.

"너희 중에 지혜와 총명이 있는 자가 누구냐 그는 선행으로 말미암아 지혜의 온유함으로 그 행함을 보일지니라." (13절) 여러분 가운데서 지혜 있고 (*sophos*, wise) 이해력이 있는(*epistemon*, understanding) 사람이 누구인가? 그러한 사람은 착한 행동을 하여 그의 행실을 나타내 보이라. 그 일은 지혜에서 오는 온유함으로 행하는 것이어야 할 것이다.

"총명"은 명철한 이해력을 말하며, 여기서는 특히 하나님 말씀에 대한 이해를 가리킨다. "지혜의 온유함으로"(in the humility of wisdom)는 "지혜로부터 오는 온유함으로", "지혜로운 사람답게 온유함으로", "지혜로운 겸손의 행위로"이다. 참 지혜는 하나님을 경외하는 것으로부터 시작된다. 따라서 이 말은 하나님을 경외함으로 이웃에게 겸손하며 온화하게 대하라는 뜻이다. 지혜의 온전함은 행위에서 드러난다.

"그러나 너희 마음속에 독한 시기와 다툼이 있으면 자랑하지 말라 진리를 거슬러 거짓말하지 말라." (14절) 그러나 마음속에 지독한 시기심(*pikros zelos*, bitter jealousy)과 이기적인 욕망이 있다면 여러분은 자랑하지 말라. 그리고 진리를 거슬러 거짓말하지 말라. 시기, 다툼, 거짓은 거짓된 지혜에서 나온다. "다툼"은 "마음속의 다툼"(strife in your hearts, KJV)으로, 원문은 "마음속에 있는 이기적 욕망(*eritheia*, self-interest, selfish ambition)"이다.

"이러한 지혜는 위로부터 내려온 것이 아니요 땅 위의 것이요 정욕의 것이요 귀신의 것이니." (15절) 이런 지혜는 하늘에서 온 것이 아니라 세상적이요 정욕적이며 마귀의 것이다. 참된 지혜는 위(하늘)로부터 오지만 거짓 지혜는 아래(땅)의 것이다. 거짓(가짜) 지혜는 아래로부터 온 것이고 땅의 지혜로 이 세상에서만 유용하다. 마귀가 만든 것(귀신의 것)으로 싸우기 좋아하고, 이기적 특성(정욕의 것)을 가지고 있다. 진리를 거슬러 거짓말하게 한다.

"시기와 다툼이 있는 곳에는 혼란과 모든 악한 일이 있음이라." (16절) 시기와 이기적인 욕망이 있는 곳에는 혼란과 온갖 악한 일(every evil thing)이 있을 뿐이다. “혼란”(*akatastasia*, disorder)은 무질서를 뜻한다. 하나님은 무질서의 하나님이 아니라 질서, 곧 화평의 하나님이시다(고전 14:33).

오직 위로부터 난 지혜는 첫째 성결하고 다음에 화평하고 관용하고 양순하며 긍휼과 선한 열매가 가득하고 편견과 거짓이 없나니(17절) 그러나 위(하늘)로부터 온 지혜(*anothen sophia*, the wisdom from above)는 첫째 순결하고, 다음에는 평화를 사랑하고 너그럽고 양순하고 자비와 선한 열매가 가득하고 편견과 위선이 없다. 성결, 화평, 관용, 양순, 긍휼 등은 참된 지혜에서 나온다.

이 구절은 진짜 지혜의 여덟 가지 특성을 보여주고 있다.

- 성결하다(*hagne*, pure). 원문은 “순결하다”이다. 하나님 앞에서 깨끗한 마음을 가지고 있다.
- 화평하다(*eirenike*, peaceful). 화평은 하나님과 인간 사이의 바른 관계를 가지고 있음을 말한다. 하나님을 생각하고 사랑하며 용서한다.
- 관용하다(*epieikes*, gentle, considerate). 오래 참고 너그럽게 용납한다.
- 양순하다(*eupeithes*, reasonable, compliant, willing to yield, submissive), 순종하는 자세이다. 자발적으로 양보하고, 배우려는 자세를 취하며, 합리적이고 완고하지 않다.
- 긍휼이 많다(meste eleous, full of mercy), 다른 사람을 불쌍히 여길 줄 안다.
- 선한 열매가 가득하다(*meste karpon agathon*, full of good fruits).
- 편견이 없다(*adiakritos*, impartial). 차별, 선입견, 이중 잣대 없다.
- 거짓이 없다(*anypokritos*, sincere). 정직하다. 정직이 최고의 경쟁력이다.

“화평하게 하는 자들은 화평으로 심어 의의 열매를 거두느니라.”(18절) 평화를 조성하는 사람(those making peace)은 평화(*eirene*, peace)의 씨를 심어 의의 열매(*karpos dikaiosynes*, the fruit of righteousness)를 거둔다. 의의 열매는 평화를 이루는 사람들이 평화를 위하여 그 씨를 뿌려서 거두어들이는 열매이다.

진짜 지혜는 위로부터 난 지혜, 곧 하나님으로부터 온 것이며 평화를 형성한다. 솔로몬이 구한 것이 바로 하늘로부터 내려온 지혜였다(왕상 3:9, 11-13). 이 지혜를 하나님께 구하라 그리하면 주시리라(약 1:5). 주님께 집중하고, 알고, 행하자. 이럴 때 주님이라면 어떻게 하실까 생각하자. 주님이 주신 지혜를 통해 이 땅에서 하나님의 나라를 만들자.

제4장 세상의 정욕과 교만, 형제를 비방하거나 판단하지 말라, 어리석은 부자의 죄

1. 세상의 정욕과 교만(1-10절)

1-10절은 하나님은 자신의 욕심을 버리고 겸손한 마음을 갖는 자에게 은혜를 주신다는 것을 말하고 있다. 더러운 세상 정욕을 버리고 정결과 겸손으로 하나님 앞에 서라는 것이다.

너희 중에 싸움이 어디로부터 다툼이 어디로부터 나느냐 너희 지체 중에서 싸우는 정욕으로부터 나는 것이 아니냐(1절) 무엇 때문에 여러분 가운데 싸움과 다툼이 일어나는가? 여러분 속에서 싸우는 쾌락에 대한 욕망 때문이 아닌가? "정욕"(*hedonon*, passions, pleasures)은 "세상적인 쾌락"으로 악한 의미에서의 욕심을 말한다. 향락제일주의 때문에 문제가 발생한다는 것이다.

"너희는 욕심을 내어도 얻지 못하여 살인하며 시기하여도 능히 취하지 못하므로 다투고 싸우는도다 너희가 얻지 못함은 구하지 아니하기 때문이요."(2절) 여러분은 욕심을 부려도 얻지 못하면 살인을 하고, 탐내어도 가지지 못하면 다투고 싸운다. 여러분이 얻지 못하는 것은 구하지 않기(*me aiteisthai*, not ask) 때문이다. 향락을 위해 계속 부를 축적하고자 하면 욕심과 시기와 다툼이 일어날 뿐이다. "너희가 얻지 못함은 구하기 아니하기 때문이요"라는 말은 하나님께 구하되 바로 구하지 않기 때문이라는 말씀이다. 정욕을 좇아 행복을 얻을 수 없다. 구하되, 자기 정욕을 위해 구하면 얻을 수 없고 오직 하나님의 영광을 위해 구해야 한다.

"구하여도 받지 못함은 정욕으로 쓰려고 잘못 구하기 때문이라."(3절) 구하여도 얻지 못하는 것은 자기가 쾌락을 누리는 데에 쓰려고 잘못(*kakos*, wrongly) 구하기 때문이다.

"간음한 여인들아 세상과 벗된 것이 하나님과 원수 됨을 알지 못하느냐 그런즉 누구든지 세상과 벗이 되고자 하는 자는 스스로 하나님과 원수 되는 것이니라."(4절) 간음하는 사람들이여, 세상과 벗되는 것이 하나님과 원수가 된다는 것을 모르는가? 누구든지 세상의 벗이 되고자 하는 사람은 스스로 하나님의 원수가 되는 것이다. 하나님께 구하면서 향락을 위해 노력한다면 하나님 편에서 볼 때 그것은 간음 그 자체이다.

"간음하는 여인들"(*moichalides*, adulteresses)은 구약에서는 우상숭배자들을, 신약에서는 배교자들을 가리켜 사용되었다. 하나님께는 불순종하고 세상과 벗하여 쾌락을 탐닉하는 모든 사람을 가리켜 하는 말이다. 세상과 벗하는 것은 하나님과 원수 되는 것임을 알자.

"너희는 하나님이 우리 속에 거하게 하신 성령이 시기하기까지 사모한다 하신 말씀을 헛된 줄로 생각하느냐."(5절) 하나님은 "우리 속에 살게 하신 성령님이 질투하실 정도로(*pros phthonon*, with envy) 우리를 사랑하신다"(NASB)는 성경 말씀을 여러분은 하찮은 말로(*kenos*, in vain) 생각하는가?

5절의 말씀은 하나님께서 인간을 극진히 사랑하신다는 것을 강조하고 있다. "우리 속에 거하게 하신 성령이 시기하기까지 사모한다(*epipothei*, yearn)."는 것은 "하나님께서 우리 안에 거하도록 하신 성령님께서 질투하실 정도로 그리워하신다."(ISV)는 뜻이다. "시기"는 멸망에 빠진 인간을 구원하려는 하나님의 사랑을 가리킨다. 바람난 신부 같은 우리(욕망대로 사는 우리)다. 하지만 하나님은 시기(질투)하기까지 우리를 사모(사랑)하고 정결한 신부로 만들고자 하신다. 이 말씀을 하찮게 생각해서는 안 된다. 제임스 패커(J. Packer)는 말한다. "하나님의 질투는 앙심이나 악의가 아니라 더 없이 고귀한 것을 지키려는 것이다.

"그러나 더욱 큰 은혜를 주시나니 그러므로 일렀으되 하나님이 교만한 자를 물리치시고 겸손한 자에게 은혜를 주신다 하였느니라."(6절) 그러나 하나님께서는 더 큰 은혜(*meizona charin*, greater grace)를 주신다. 그러므로 성경에 이르기를 "하나님께서는 교만한 자들을 물리치시고, 겸손한 사람들에게 은혜를 베푸신다." 라고 말한다.

"은혜"(*charis*, grace)는 영적인 것은 물론 삶에 소용이 되는 것도 포함되어 있다. 문제가 클수록 더욱 더 큰 은혜를 주시는 하나님께 감사하자.

"하나님이 교만한 자(*hyperephanois*, the proud)를 물리치시고 겸손한 자(*tapeinois*, the humble)에게 은혜를 주신다." 하나님의 뜻을 따르는 자는 겸손한 자로, 세상을 따르는 자를 교만한 자로 표현되고 있다. 교만은 우리의 악한 본성임에 반해 겸손은 교만한 본성을 뛰어넘어, 어느 수준으로 올라가는 것이다. 겸손한 사람은 자기가 복수하고 싶은 것뿐 아니라 나라의 일, 내일 일 등 모든 것을 하나님 앞에 맡긴다.

7-10절은 우리가 실천해야 할 열 가지 명령어로 되어 있다. 하나님께 복종하라(하나님께 복종하면 마귀를 이길 수 있다). 마귀를 대적하라. 하나님을 가까이 하라. 손을 깨끗이 하라(외부). 마음을 성결하게 하라(내부, 마음의 동기). 슬퍼하라. 애통하라. 울라. 즐거울 때 근심하라. 낮추라.

"그런즉 너희는 하나님께 복종할지어다 마귀를 대적하라 그리하면 너희를 피하리라."(7절) 그러므로 여러분은 하나님께 복종하고 마귀(*diabolo*, devil)를 대항하라. 그러면 마귀가 도망칠 것이다. 마귀는 인류의 평화를 파괴시키고 분쟁을 일으킨다. 마귀는 우리가 대적해야 할 영적 대상이다.

"하나님을 가까이하라 그리하면 너희를 가까이하시리라 죄인들아 손을 깨끗이 하라 두 마음을 품은 자들아 마음을 성결하게 하라."(8절) 하나님을 가까이하라. 그러면 하나님도 여러분을 가까이하실 것이다. 죄인들은 과거의 잘못을 깨끗이 씻고 두 마음을 품은 사람들은 마음을 정결하게 하라.

"하나님을 가까이 하라." 죄인은 본질상 하나님을 가까이 할 수 없다. 그러나 죄 사함을 입은 자는 하나님을 가까이 할 수 있다. 하나님은 우리를 가까이 두기 원하신다.

"손을 깨끗이 하라." 구약의 제사장들은 성막에서 하나님께 나아가기 전에 손과 발을 놋 물두멍에 씻었다. 이것은 영적인 정결을 상징했다. 죄인들은 제사장들이 손을 씻듯 과거의 죄를 주의 피로 씻어야 한다.

"두 마음을 품은 자들아 마음을 성결하게 하라." 두 마음(*dipsychoi kardias*, double-minded hearts)은 순종할 마음과 순종하지 않을 마음 모두를 가지고 있는 것이다. 죄 사함을 받은 자가 두 마음을 품는 것은 죄다. "주께서는 온 마음으로 주의 앞에서 행하는 종들에게 언약을 지키시고 은혜를 베푸시나이다."(왕상 8:23). 온 마음은 두 마음이 아니다. 하나의 마음이다. 그리스도인으로서 구별된 삶을 살자. 성결한 삶을 살자.

"슬퍼하며 애통하며 울지어다 너희 웃음을 애통으로, 너희 즐거움을 근심으로 바꿀지어다."(9절) 슬퍼하고 울며 통곡하라. 웃음을 울음으로, 즐거움을 근심으로 바꾸라.

슬퍼하고 울며 통곡하는 것은 거룩한 근심이다. 이것은 부정적 슬픔이 아니다. 부족함을 깨닫고 슬퍼하는 것이다. 하나님 뜻대로 하는 근심은 거룩한 애통이다(고후 7:11).

"주 앞에서 낮추라 그리하면 주께서 너희를 높이시리라."(10절) 주님 앞에서 자신을 낮추라. 그러면 주님이 여러분을 높여 주실 것이다. 아우구스티누스는 근심가운데 하나님을 향해 겸손히 나아갔다. 이렇게 하면 하나님은 우리를 높여주신다.

2. 형제를 비방하거나 판단하지 말라(11-12절)

11-12절은 서로 비방하거나 판단하지 말 것을 강조하고 있다.

형제들아 서로 비방하지 말라 형제를 비방하는 자나 형제를 판단하는 자는 곧 율법을 비방하고 율법을 판단하는 것이라 네가 만일 율법을 판단하면 율법의 준행자가 아니요 재판관이로다(11절) 형제자매 여러분, 서로 헐뜯지 말라. 자기 형제자매를 헐뜯거나 심판하는 사람은, 율법을 헐뜯고 율법을 심판하는 것이다. 그대가 율법을 심판하면, 그대는 율법을 행하는 사람이 아니라 율법을 심판하는 사람이다.

"율법을 비방하고", 여기서 율법은 모세 오경의 의식법을 말하는 것이 아니라 예수 그리스도에 의해 완성된 사랑의 법을 가리킨다(마 24: 34-40). 율법을 잘 지킨다고 하는 사람들 가운데 그 율법으로 남을 판단하기를 즐겨하는 사람이 있다. 그러나 그런 사람은 최고의 율법인 사랑의 법을 어기고 스스로 율법의 재판관이 되려는 자이다. 남을 비방하거나 판단하는 것은 "네 이웃을 네 자신과 같이 사랑하라"는 율법을 범하는 것이자 그 법을 만드신 하나님을 비방하는 죄가 된다.

"입법자와 재판관은 오직 한 분이시니 능히 구원하기도 하시며 멸하기도 하시느니라 너는 누구이기에 이웃을 판단하느냐."(12절) 율법을 제정하신 분과 심판하시는 분은 한 분이시다. 그는 구원하실 수도 있고, 멸망시키실 수도 있다. 도대체 그대가 누구이기에 이웃을 심판하는가? 율법을 만들고 그 법에 따라 판단하시는 분은 하나님 한 분뿐이시다. 따라서 사람이 마치 재판관처럼 남을 판단하는 것은 어리석기 그지없는 짓이다.

3. 어리석은 부자의 죄: 헛된 자랑을 일삼지 말라(13-17절)

13-17절은 하나님의 뜻을 따르지 않고 자신의 뜻대로 행동하는 신자들을 질책하고 있다.

"들으라 너희 중에 말하기를 오늘이나 내일이나 우리가 어떤 도시에 가서 거기서 일 년을 머물며 장사하여 이익을 보리라 하는 자들아."(13절) "오늘이나 내일 어떤 도시에 가서 한 해 동안 장사하여 돈을 벌겠다."고 생각하는 사람들아. 내 말을 들어 보라.

"들으라."(*age nyn*, come now, now listen) 독자나 청중의 주의를 환기시키는 말이다. 앞으로 하고자 하는 말을 미리 강조하며 이것을 중요히 여기라는 것이다. 이 선언은 마치 구약의 이방국가들에 대한 하나님의 심판 선언과 유사하다. 야고보는 하나님의 뜻을 무시하며 사는 사람을 향해 "들으라." 한다.

장사하여 이익을 보려는 자들은 자기 뜻대로 살아가려 하는 자들로, 스스로 계획하며 자기중심으로 살아가려는 자들이다. 좁게는 부유한 유대상인을 가리키지만 넓게는 그런 생각을 하며 살아가는 모든 사람을 가리킨다.

"내일 일을 너희가 알지 못하는도다 너희 생명이 무엇이냐 너희는 잠깐 보이다가 없어지는 안개니라."(14절) 여러분은 내일 무슨 일이 일어날지 모른다. 여러분의 생명이 무엇인가? 여러분은 잠시 나타났다가 사라지는 안개에 지나지 않는다.

"안개"(*atmis*, vapor, mist)는 잠간 보이다 없어지는 것이다. 이것은 인생이 유한한 존재이자 헛됨을 나타내는 말이다. 이와 유사한 표현으로 "베틀의 북"(욥 7:6), "나그네 길", "지나가는 그림자", "풀" 등이 있다. 시편 저자는 나의 날이 한 뼘 길이 같다 했다(시 39:5). 인생에서 성공했다 해도 정상에 올랐다 해도 보면 잠깐이다. 인간의 생명은 짧다. 인간은 반드시 죽는다. 인생은 허무하다. 인간의 수명은 짧으므로 아끼며 살고 선용해야 한다. 오늘을 마지막이라 생각하며 최선의 삶을 살아야 한다. 하나님은 우리로 하여금 영원한 것을 사모하며 살도록 짧은 인생을 주셨다. 영원한 것에 목표를 두라. 하나님을 사모하라. 하나님과 함께 살기만 하기에도 우리 인생은 짧다. 그래서 주님은 믿는 자에게 주님과 영원히 함께 할 수 있는 영생, 곧 영원한 생명을 주셨다. 순간순간을 소중하게 살라. 지금이 소중하다. 미루지 말라. 나이 들어도 적당히 살지 말라. 늙어도 해야 할 일이 많다. 갈렙은 85세의 나이에 "이 산지를 내게 주소서."하며 나아갔다. 적당히 살지 않겠다는 선언이다. 괴테는 80세 때 「파우스트」를 썼고, 베르디는 80세 때 왕성하게 작곡을 했다.

"너희가 도리어 말하기를 주의 뜻이면 우리가 살기도 하고 이것이나 저것을 하리라 할 것이거늘."(15절) 도리어 여러분은 이렇게 말해야 할 것이다. "주님께서 원하시면(if the Lord wills), 우리가 살 것이고, 또 이런 일이나 저런 일을 할 것이다."

주님이 중심이 되고 주의 뜻이 핵심이 되는 삶을 살라는 말씀이다. 주님 뜻대로 살면 이것을 해도, 저것을 해도, 무엇을 하든 하나님께 귀한 것이 된다. 주의 뜻대로 사는 것만이 하나님이 인정하신다. 그것이 생명이 된다. 내 뜻대로 사는 인생이 아니라 하나님 뜻대로 사는 인생이어야 한다. 내가 내 인생의 주인인 인생을 사는 것이 아니라 하나님이 내 인생의 주인인 인생을 살아야 한다. 삶의 계획을 짤 때도 하나님을 우선순위에 두고 하나님과 함께 계획을 짜라.

하나님의 뜻과 계획에 순종하는 사람은 "주님의 뜻이면 하고, 아니면 안 하겠다."는 사람이다. 자기의 뜻을 하나님 앞에 앞세우지 않는다. 배는 바다에서, 물고기는 물에서, 새는 하늘에서 자유로울 수 있다. 그리스도인은 하나님 안에서만 자유로울 수 있다. 주의 날개 아래 있을 때 기쁘고 행복하다. 오히려 세상은 고통의 길이다.

“이제도 너희가 허탄한 자랑을 하니 그러한 자랑은 다 악한 것이라.”(16절) 도리어 허영에 들떠 자랑만 하고 있으니(boast in your arrogance) 그런 것은 다 악한 일이다.

인간은 자랑한다. 허탄한 자랑은 악한 것이다. 없는 것을 있는 것처럼 착각하고, 나는 옳고 남은 그르다며 자기중심적으로 생각한다. 하나님을 떠나 허탄한 데 뜻을 두는 것은 교만이다. 하나님 뜻 안에서, 하나님 앞에서 살고자 할 때 진정한 보람과 가치 있다.

“그러므로 사람이 선을 행할 줄 알고도 행하지 아니하면 죄니라.”(17절) 그러므로 사람이 선한 일을 해야 된다는 것을 알면서도 실천하지 않으면 바로 그것이 죄이다. 해야 할 선한 일이 무엇인지 알면서도 하지 않으면, 그것은 그에게 죄가 된다는 말이다.

하나님의 뜻을 알지만 불순종하는 사람은 선을 알고도 행치 않은 죄를 범하게 된다. 예수님의 비유에서 한 달란트 받은 사람은 어떻게 살아야 하는지 알면서도 하지 않아 책망을 받았다. 선한 사마리아인의 비유에서 레위인도 강도 만난 자를 도와주어야 함에도 외면함으로 인해 책망을 받았다. 알면서도 행하지 않으면 더 큰 심판을 받는다. 미루지 말라. 선을 행하라.

제5장 부자들에 대한 경고, 주의 강림과 우리의 인내, 맹세에 대한 말씀, 믿음의 기도, 미혹된 형제를 돌아서게 하라

1. 부자들에 대한 경고(1-6절)

1-6절은 불의한 부한 자들에 대한 경고가 나타나 있다.

들으라 부한 자들아 너희에게 임할 고생으로 말미암아 울고 통곡하라(1절) 부요한 사람들이여, 여러분은 닥쳐올 불행(*talaiporiais*, miseries)을 생각하고 울고 통곡하라. 5장에서 말하는 "부한 자"들은 그리스도인들로서, 축재 과정에서 가난한 자의 임금을 지불하지 않고(4절) 사치와 향락을 일삼으며(5절) 의인을 정죄하고 죽이는 등(6절) 불의한 부자를 가리킨다. "울고 통곡하라." 회개의 애통이 아니라 심판 날에 임한 고통으로 인한 울음과 통곡이다.

"너희 재물은 썩었고 너희 옷은 좀먹었으며."(2절) 여러분의 재물은 썩었고 옷은 벌써 좀먹었다. 고대에 있어서 "옷"(*himatia*, garments)은 부의 척도 가운데 하나였다.

"너희 금과 은은 녹이 슬었으니 이 녹이 너희에게 증거가 되며 불 같이 너희 살을 먹으리라 너희가 말세에 재물을 쌓았도다."(3절) 너희의 금과 은은 녹이 슬었으니, 그 녹은 장차 너희를 고발할 증거가 될 것이고, 불과 같이 너희의 살을 먹을 것이다. 너희는 세상 마지막 날에 재물을 쌓았다.

2, 3절에 부자들의 재물이 옷, 금은보석, 그리고 재물로 요약되어있다. "녹"(*ios*, rust)은 3:8의 독이라는 뜻과 같다. "너희 살을 먹으리라"(will eat your flesh)는 것은 녹 쓸고 좀먹는 재물이 심판의 증거물이 될 것을 말한다. 이것

은 재물이 부자들에게 큰 해를 끼치는 암적 존재가 될 것이라는 말로, 그 재물이 결국 자기를 찌르게 된다. 주님의 재림이 가까운 이 시기에 악하게 재물 모으는 데만 집중한 죄도 묻고 있다.

4-6절은 부자들의 죄악상을 파헤치고 있다.

"보라 너희 밭에서 추수한 품꾼에게 주지 아니한 삯이 소리 지르며 그 추수한 자의 우는 소리가 만군의 주의 귀에 들렸느니라."(4절) 너희가 일꾼들에게 주지 않고 가로챈 품삯이 소리를 치고 있으며(약속한 임금 착취) 추수한 일꾼들의 부르짖는 아우성 소리(*boai*, cries)가 전능하신 하나님의 귀에 들어갔다. "만군의 주"는 전능하신 심판 주 하나님을 나타낼 때 쓰인다(사 5:9, 시 18:7, 롬 9:29). 하나님께서 그들의 소리를 들으셨다. 하나님은 그들의 억울함을 알고 계신다.

성경은 부유한 자를 무조건 부정하지는 않는다. 재물을 잘못된 방법으로 축적해서는 안 된다. 심판 날에 재물을 어떻게 축적했는가에 대해서도 가리게 될 것을 말해준다.

"너희가 땅에서 사치하고 방종하여 살륙의 날에 너희 마음을 살찌게 하였도다."(5절) 너희는 이 세상에서 사치와 쾌락을 누리며 잡혀 죽을 날을 눈앞에 두고도 욕심만을 채워 왔다.

5절은 재물을 잘못 사용하고 있음을 지적하고 있다. "살륙의 날에"(*en hemera sphages*, in the day of slaughter)는 심판의 날을 가리킨다. "너희 마음을 살찌게 하였도다." 악한 부자는 마치 도살할 가축을 잘 먹여 살찌우듯이 도살당하게 될 바로 그 날을 위해 살을 찌우는 소와 같다는 말이다. 마음이 무뎌져 멸망의 날이 다가온 줄도 모르고 향락에 빠졌다. 이것은 심판 때 재물을 어떻게 사용했는가에 대해서도 따지게 될 것임을 보여준다.

"너희는 의인을 정죄하고 죽였으나 그는 너희에게 대항하지 아니하였느니라."(6절) 너희는 의인을 정죄하고 죽였지만, 그는 여러분에게 대항하지 않았다. 너희는 너희에게 대항하지도 않은 죄 없는 사람에게 누명을 씌워 죽였다는 말이다. 부자들의 최대 죄악은 바르게 살려고 하는 의인을 오히려 정죄하고 죽였다는 것이다.

2. 주의 강림과 우리의 인내(7-11절)

7-11절은 핍박받는 성도들에게 그리스도의 재림 때까지 참으라 권면하고 있다. 이 인내에 대한 권고에서 농부, 선지자들, 그리고 욥 등의 인내를 본받도록 하고 있다.

7-8절은 재림에 대한 소망을 심어주는 구절이다.

"그러므로 형제들아 주께서 강림하시기까지 길이 참으라 보라 농부가 땅에서 나는 귀한 열매를 바라고 길이 참아 이른 비와 늦은 비를 기다리나니."(7절) 형제 여러분, 그러므로 여러분은 주님이 다시 오실 때까지 참고 기다리라. 보라. 농부는 귀중한 추수를 바라고 인내심을 가지고 가을비와 봄비를 기다린다.

"이른 비"(the early rain)는 이스라엘에서 파종기인 10-11월에 내리는 가을비(the fall rain)를 말하고, "늦은 비"(the latter rain)는 결실기인 4-5월에 내리는 봄비(the spring rain)를 말한다. 이 두 비는 인간을 향한 하나님의 은총의 징표로 사용되고 있다. 농부가 풍성한 수확에 대한 기대 속에서 곡식이 익기를 기다리듯 주의 재림을 기다려야 한다는 말씀이다.

"너희도 길이 참고 마음을 굳건하게 하라 주의 강림이 가까우니라."(8절) 너희도 인내하며 참고 마음을 굳세게 하라. 주님이 오실 날이 가깝다. "마음을 굳건하게 하라."(*sterixate*, strengthen)는 것은 마음의 뜻을 정하고 목표를 확고히 바라보며 정진하라는 말이다. 주의 재림은 믿는 자들의 궁극적인 소망이다.

"형제들아 서로 원망하지 말라 그리하여야 심판을 면하리라 보라 심판주가 문 밖에 서 계시니라."(9절) 형제들아, 심판을 받지 않으려거든 서로 원망하지 말라. 심판하실 분이 이미 문 앞에 서 계신다. 서로 원망하는 것(*stenazete*, grumble)은 비방의 한 형태로, 용서하지 않는다는 것을 보여주는 것이다. 이것은 결국 하나님의 말씀을 무시하는 것으로 화를 자초하는 행위이다. 말씀을 무시하면 하나님보다 자신을 더 중히 여기는 죄를 범하게 된다.

"형제들아 주의 이름으로 말한 선지자들을 고난과 오래 참음의 본으로 삼으라."(10절) 너희는 고난을 참고 이기며 주님의 말씀을 전하던 선지자들을 본받으라. 구약의 선지자들은 두려움을 무릅쓰고 집권자, 부자, 백성들을 책망하다가 박해를 받았다.

"보라 인내하는 자를 우리가 복되다 하나니 너희가 욥의 인내를 들었고 주께서 주신 결말을 보았거니와 주는 가장 자비하시고 긍휼히 여기시는 이시니라."(11절) 보라. 참고 견딘 사람은 복되다고 우리는 생각한다. 너희는 욥이 어떻게 참고 견디었는지를 들었고, 또 주님께서 나중에 그에게 어떻게 축복하셨는지를 알고 있다. 하나님은 자비와 동정심이 많은 분이시다.

욥(Job)은 이해할 수 없는 환난을 수없이 당하면서도 하나님을 원망하지 않았다. 끝까지 인내한 결과 넘치는 축복을 받았다. 성도들도 장차 얻을 영광을 바라보며 지금의 시련을 이겨내야 한다. 하나님은 우리를 실망시키지 않고 자비와 긍휼을 베푸실 것이다.

3. 맹세에 대한 말씀(12절)

12절은 맹세의 위험성을 지적하고 맹세하지 말 것을 권고하고 있다.

“내 형제들아 무엇보다도 맹세하지 말지니 하늘로나 땅으로나 아무 다른 것으로도 맹세하지 말고 오직 너희가 그렇다고 생각하는 것은 그렇다 하고 아니라고 생각하는 것은 아니라 하여 정죄 받음을 면하라.”(12절) 무엇보다도 맹세하지 말라(*me omnyete*, do not swear). 하늘이나 땅이나 그 어떤 것으로도 맹세하지 말라. 그런 것은 그렇다고 말하고 아닌 것은 아니라고 분명하게 말하여 하나님의 심판을 받지 않도록 하라.

예수님의 산상수훈의 말씀을 그대로 인용하고 있다(마 5:37). 성경에서 맹세 자체는 금지된 것이 아니다. 그러나 맹세는 자기보다 더 높은 자를 가리켜 하기 때문에 보통 하나님, 하늘과 땅, 예루살렘 등을 걸고 하곤 했다. 그러나 맹세에 기만이 있을 때는 결과는 참람한 것이 되고 만다. 야고보가 경계하는 맹세도 마찬가지이다. 하나님의 이름이나 거룩한 대상을 빙자하여 지킬 수도 없는 일, 또는 진심이 아닌 것을 마치 진심인양 장담하는 것은 불경건할 뿐 아니라 가짜 맹세이기 때문이다.

4. 믿음의 기도(13-18절)

13-18절에서는 기도할 것을 강조하고 있다. 특히 병자 등 어려움에 처한 성도들을 위해 기도할 것을 권면하고 있다.

“너희 중에 고난당하는 자가 있느냐 그는 기도할 것이요 즐거워하는 자가 있느냐 그는 찬송할지니라.”(13절) 너희 가운데 고난당하는(suffering hardships) 사람이 있는가? 기도하라. 기뻐하는 사람이 있는가? 찬송하라. 그리스도인은 삶의 여러 다른 환경에 처하게 된다. 그리스도인이기 때문에 박해 등 개인적으로 어려움을 당할 수 있다. 그 때마다 기도하라. 하나님께서 힘을 주실 것이다. 또한 신앙의 진수를 경험하며 마음의 기쁨을 경험할 수도 있다.

그 땐 감사하며 찬송하라.

"너희 중에 병든 자가 있느냐 그는 교회의 장로들을 청할 것이요 그들은 주의 이름으로 기름을 바르며 그를 위하여 기도할지니라." (14절) 너희 가운데 병든 사람이 있으면 교회 장로님들을 불러 주님의 이름으로 기름(*elaio*, oil)을 바르며 기도하게 하라. 성경에 기름이 의약품으로 사용된 기록이 이사야 1:6, 누가복음 10:34에 나타난다. 기름을 바르는 것은 당시 병을 치료하는 의료행위였다. 따라서 기름을 바르며 기도하라는 것은 가능한 치료법을 사용하며 그를 위해 간절히 기도하라는 것이다.

"믿음의 기도는 병든 자를 구원하리니 주께서 그를 일으키시리라 혹시 죄를 범하였을지라도 사하심을 받으리라." (15절) 믿음으로 간절히 드리는 기도는 병든 사람을 낫게 할 것이니, 주님께서 그를 일으켜 주실 것이다. 또 그가 죄를 지은 것이 있으면, 용서를 받을 것이다.

"믿음의 기도" (*he euche tes pisteos*, the prayer of the faith)는 확신에 찬 믿음으로 간절하게 드리는 기도를 말한다. 그 기도는 능력이 있어 병든 자를 낫게 할 수 있다. 하지만 인간의 기도가 병을 낫게 하는 것은 아니다. 주께서 저를 일으키셔야 가능하다. 만일 죄로 인해 생긴 병이라면 주님은 먼저 그의 죄를 사하심으로 병을 낫게 하실 것이다.

"그러므로 너희 죄를 서로 고백하며 병이 낫기를 위하여 서로 기도하라 의인의 간구는 역사하는 힘이 큼이니라." (16절) 그러므로 너희는 서로 죄를 고백하고 병이 낫도록 서로 기도하라. 의로운 사람의 기도는 능력이 있고 효과가 있다. 여기서 "의인" (*dikaiou*, a righteous man)은 예수를 영접하여 변화된 삶을 살고 있는 구원받은 성도를 가리킨다.

17-18절은 믿음의 기도는 응답받는다는 사실을 입증하기 위해 엘리야의 기도를 예로 들고 있다.

"엘리야는 우리와 성정이 같은 사람이로되 그가 비가 오지 않기를 간절히 기도한즉 삼 년 육 개월 동안 땅에 비가 오지 아니하고"(17절) 엘리야(*Elias*, Elijah)는 우리와 똑같은 사람이었지만 비가 오지 않게 간절히 기도하자 3년 6개월 동안이나 비가 내리지 않았다.

"삼년 육 개월"은 열왕기상 17-18장을 인용한 것으로, 여기서는 기도의 힘을 증명하기 위해 엘리야를 인용하였다. "우리와 성정이 같은(*homoiopathes hemin*, with a nature like ours) 사람이로되," 외형만 닮은 것이 아니라 모든 면에서 우리와 동일한 사람이라는 말이다. 하나님은 특별한 사람의 기도만 들으시는 분이 아니시다. 하나님 앞에 자복하며 회개하고 간구하는 사람이라면 하나님이 그 기도를 들으시고 놀랍게 역사하신다.

"다시 기도하니 하늘이 비를 주고 땅이 열매를 맺었느니라."(18절) 그가 다시 기도하자 하늘에서 비가 내렸고 땅에서 곡식이 자랐다.

5. 미혹된 형제를 돌아서게 하라(19-20절)

19-20절은 진리를 떠난 자들로 하여금 그 미혹의 길에서 돌아서도록 권면할 것을 강조하고 있다. 유혹에 빠진 영혼을 건져내는 것이 그리스도인의 최고 임무이다.

"내 형제들아 너희 중에 미혹되어 진리를 떠난 자를 누가 돌아서게 하면."(19절) 너희 가운데 어떤 사람이 진리에서 떠나 그릇된 길로 갔을 때 누가 그 죄인을 하나님께 돌아오게 한다면.

"미혹된 자"(*planethe*, wander)는 문자적으로 갈 바를 알지 못하고 떠다니는 자이다. 이 단어는 원래 "행성"(*plenao*, planet)에서 나온 말이다. 안정감 없이 둥둥 떠다니기 때문이다. 이들은 크게 교리적으로 잘못된 자(말시온처럼 구약은 필요 없다고 말하는 자가 그 예), 또는 실천적 진리에서 미혹된 자(양다리를 걸친 자)이다. 나는 어떤 자인지 돌아보자. "돌아서게 하면" (*epistrepse*, bring him back, trun him back)은 진리로 돌아오게 하는 것을 말한다.

"너희가 알 것은 죄인을 미혹된 길에서 돌아서게 하는 자가 그의 영혼을 사망에서 구원할 것이며 허다한 죄를 덮을 것임이라." (20절) 그는 죽을 영혼을 구원하게 될 것이며 그의 많은 죄가 용서를 받을 것이다. 죄인을 그릇된 길에서 돌아서게 하는 사람은 그 죄인의 영혼을 죽음에서 구할 것이고, 또 많은 죄를 덮어줄 것이라는 말이다. 허다한 죄가 덮이고 용서받는다. 얼마나 놀라운 일인가.

진리의 길에서 벗어나 방황하는 자를 돌아서게 하는 것은 지옥행을 면하게 하고 영원한 심판에서 구원하는 일이다. 이 일은 진리실천의 사명을 가진 우리 모두의 일이다. 미혹된 길에 빠진 자들을 돌아서게 하라. 복음 선포의 뜨거운 사명을 회복하라. 한번 지옥에 떨어지면 돌이킬 수 없다, 영원한 멸망의 형벌이다(살후 1:8-9). 지옥엔 큰 구렁텅이가 있어 여호와의 은혜가 미치지 않는다(눅 16:25-26). 그러니 지옥에 대해 침묵하지 말자. 사망에서 구원받도록 하자.

Jude

유다서

제1장 인사의 말, 거짓 교사들이 받을 심판, 성도들에 대한 권면

1. 인사의 말(1-2절)

1-2절은 인사의 말로 발신자, 수신자, 그리고 기원 등 서신 초두의 형식을 그대로 따르고 있다.

"예수 그리스도의 종이요 야고보의 형제인 유다는 부르심을 받은 자 곧 하나님 아버지 안에서 사랑을 얻고 예수 그리스도를 위하여 지키심을 받은 자들에게 편지하노라."(1절) 예수 그리스도의 종이며 야고보의 형제인 유다는 하나님의 부르심을 받은 여러분에게 편지한다. 여러분은 하나님 아버지의 사랑과 예수 그리스도의 보호를 받고 있다.

"유다"(*Ioudas*, Jude)는 자신을 "예수 그리스도의 종", "야고보의 형제"로 소개하고 있다. "예수 그리스도의 종"은 전적으로 그리스도에 속한 자요 그로부터 권위를 부여받은 사역자라는 뜻이다. 그는 예수의 동생으로, 처음에는 예수를 귀신들린 자로 생각했으나(막 3:20-35) 예수님이 부활하신 후 믿게 되었다(행 1:13, 14). 그는 전도에 힘쓰다가 A. D. 70-80년 사이에 순교한 것으로 알려져 있다. 이 편지는 유다가 순회 전도를 하며 설교했던 한 교회에 보낸 것으로 보인다.

"긍휼과 평강과 사랑이 너희에게 더욱 많을지어다."(2절) 하나님의 자비와 평안과 사랑이 여러분에게 더욱 넘치기를 기도한다.

2. 거짓 교사들이 받을 심판(3-16절)

3-4절에서 유다는 이 편지를 쓰게 된 동기를 밝히고 있다.

"사랑하는 자들아 우리가 일반으로 받은 구원에 관하여 내가 너희에게 편지하려는 생각이 간절하던 차에 성도에게 단번에 주신 믿음의 도를 위하여 힘써 싸우라는 편지로 너희를 권하여야 할 필요를 느꼈노니."(3절) 사랑하는 여러 분, 나는 우리가 함께 누리는 구원에 대하여 벌써부터 여러분에게 편지하려고 생각하던 중에 성도들에게 단번에 주신 믿음을 위하여 힘써 싸우라는 편지를 써야겠다고 마음먹었다.

"일반으로 받은 구원"은 넓게는 이스라엘과 이방의 구별 없이 모든 인류에게 공통적으로 베푸시는 하나님의 구원을 뜻하고, 좁게는 유다와 그의 수신자들이 함께 얻은 구원을 뜻한다. "단번에"(*hapax*, once for all)는 "모든 것을 한 번에"라는 뜻으로, 하나님이 우리에게 주신 믿음을 가리킨다. "믿음의 도"는 복음의 가르침, 특히 그리스도를 믿고 영접할 때 값없이 주어지는 구원과 영생을 얻는다는 진리를 가리킨다.

"이는 가만히 들어온 사람 몇이 있음이라 그들은 옛적부터 이 판결을 받기로 미리 기록된 자니 경건하지 아니하여 우리 하나님의 은혜를 도리어 방탕한 것으로 바꾸고 홀로 하나이신 주재 곧 우리 주 예수 그리스도를 부인하는 자니라."(4절) 그 이유는 몇몇 사람(이단자들)이 몰래 숨어들었기 때문이다. 성경에는 그들이 받을 심판을 옛날에 미리 적어 놓았다(이단자들은 이미 심판을 받게 될 것으로 예정되었다). 그들은 경건하지 못한 자들로서, 우리 하나님의 은혜를 방종거리로 만들고(악용하여 방탕한 생활을 하고), 우리의 유일한 주이신 예수 그리스도를 부인하는 자들이다.

" 가만히 들어온 사람"은 거짓교사를 말한다. "그들은 옛적부터 이 판결을 받기로 미리 기록된 자니." 이것은 사악한 자들에 대한 구약의 선언, 14-15절의 에녹의 예언, 저들의 죄악 때문에 이미 예견되어온 심판 등을 받은 자를 뜻한다.

"하나님의 은혜"는 하나님께서 그리스도를 믿는 사람들에게 베푸시는 호의를 말한다. 하나님께서는 성도들의 죄를 용서해주시고 심판으로부터 해방시켜 주신다. "하나님의 은혜를 도리어 방탕한 것으로 바꾸고"는 "하나님의 은혜를 부도덕에 대한 특권(a license for immorality)으로 오해하고"(NIV)로 번역했다. 당시 거짓 교사들은 하나님의 은혜로 인간의 모든 죄를 용서하셨기 때문에 인간이 아무리 많은 죄를 지어도 그 책임을 지지 않아도 된다고 생각했다. 그리고 이것이 바로 진정 죄로부터의 자유라 생각했다(롬 5:20, 6:1). 신자들은 그 잘못된 가르침을 따라 하나님의 은혜로 누리는 자유를 잘못 이해하고, 이 자유를 도덕적 규제로부터 해방되는 의미로 받아들여 성적으로 타락한 생활에 빠지게 되었다(벧후 2:19).

"주재"(*despotes*, Master)는 제한 없는 능력, 절대 주권을 뜻한다. 하나님이며 동시에 하나님의 아들이신 예수 그리스도께서 절대주권자이며 만물의 통치자이심을 의미한다.

"너희가 본래 모든 사실을 알고 있으나 내가 너희로 다시 생각나게 하고자 하노라 주께서 백성을 애굽에서 구원하여 내시고 후에 믿지 아니하는 자들을 멸하셨으며."(5절) 너희가 이 모든 것을 이미 알고 있겠지만 나는 너희의 기억을 다시 한 번 상기시키고자 한다. 하나님은 자기 백성을 이집트에서 구출해 내셨지만 그 다음에는 믿지 않는 사람들은 멸망시키셨다. 유다는 출애굽 사건과 그 후 불신앙으로 인해 광야에서 죽게 된 이스라엘 백성의 이야기를 대조하며 설명하고 있다.

"또 자기 지위를 지키지 아니하고 자기 처소를 떠난 천사들을 큰 날의 심판까지 영원한 결박으로 흑암에 가두셨으며."(6절) 또 하나님은 자기들의 통치 영역에 머물지 않고 그 거처를 떠난 천사들을 그 큰 날의 심판에 붙이시려고, 영원한 사슬로 매어서 어둠에 가두어 두셨다. 죄를 범한 천사들을 영원한 쇠사슬로 묶어 심판 날까지 어둠 속에 가두어 두셨다는 말씀이다.

"처소를 떠난 천사들"은 죄를 범하여 타락한 천사를 말한다. 하나님은 각각의 천사들에게 각기 다른 지위와 역할을 주셨다. 즉 하나님을 섬기며 하나님의 명령을 따르도록 각자 자리와 영광스러운 지위를 주셨다. 그런데 이 천사들 가운데 어떤 천사들은 그들에게 주어진 지위를 떠나 악을 행하기 시작했다. 이들이 바로 사단과 귀신들이다(마 25:41). 이 천사들은 하나님께서 맡기신 사명을 저버렸기 때문에 영광스러운 자리를 빼앗기고 땅 아래 어두운 곳으로 던져졌다(창 6:1-4, 벧후 2:4).

"소돔과 고모라와 그 이웃 도시들도 그들과 같은 행동으로 음란하며 다른 육체를 따라 가다가 영원한 불의 형벌을 받음으로 거울이 되었느니라."(7절) 그리고 소돔과 고모라와 그 주변 도시들도 온갖 음란한 짓을 일삼다가 영원한 불로 심판을 받아 본보기(*deigma*, example)가 되었다.

"그 이웃 도시들"은 아드마(Admah), 스보임(Zeboiim)등을 가리킨다(창 19:20-22). "다른 육체(*heteras sarkos*, strange flesh)를 따라 가다가"는 "딴 육체를 좇았기 때문에"라는 말로, 소돔과 고모라 성에 만연했던 동성애를 뜻한다.

"그러한데 꿈꾸는 이 사람들도 그와 같이 육체를 더럽히며 권위를 업신여기며 영광을 비방하는도다."(8절) 이와 같이 너희 가운데 몰래 끼어든 사람들도 꿈꾸면서(이성을 잃고) 육체를 더럽히며 권위를 무시하고 영광스러운 하늘의 존재들을 모독하고 있다.

"꿈꾸는 이 사람들"(these dreaming ones)은 "선지자나 꿈꾸는 자"(신

13:1)에서 유래된 말로, 이들은 거짓 선지자로서 주를 부인하는 자들이다. 그들은 허망한 이야기를 하여 사람들을 죄에 빠지도록 유혹한다. 그들은 자신들이 계시를 받았다고 주장하고, 참된 진리와 실체는 인간의 감성을 통해 파악할 수 있다고 주장했다. 이것은 잘못된 생각이다. 하나님의 진리는 오직 계시에 의해 주어진다. "영광을 비방하는도다."는 하늘에 있는 영광스러운 존재들(*doxas*, the glorious ones)을 모독한다(blaspheme)는 말이다.

"천사장 미가엘이 모세의 시체에 관하여 마귀와 다투어 변론할 때에 감히 비방하는 판결을 내리지 못하고 다만 말하되 주께서 너를 꾸짖으시기를 원하노라 하였거늘."(9절) 천사장 미가엘(Michael the archangel)이 모세의 시체에 대하여 마귀와 다툴 때에도 모욕하는 말로 심판하지 않고 다만 "주께서 너를 책망하시기 원한다." 라고 말했을 뿐이다.

천사장 미가엘은 큰 권세를 가졌지만 직접 마귀를 정죄하지 않고 하나님의 주권에 맡겼다. 하물며 인간인 거짓 교사들이 어떻게 감히 하나님의 권위를 업신여길 수 있다는 말이냐는 것이다.

이 구절은 8절 끝의 하늘의 존재들을 비방하는 것에 대한 반증으로 가경 "모세 승천기"에게 인용한 것이다. 이러한 인용은 인용된 책의 영감성을 말하는 것이 아니고 성경저자가 필요를 따라 본문의 보다 분명한 이해를 위해 단순히 인용한 것에 불과하다. 이러한 예는 바울에게서도 찾아볼 수 있다(행 17:28, 고전 15:33, 딛 1:12)

"이 사람들은 무엇이든지 그 알지 못하는 것을 비방하는도다 또 그들은 이성 없는 짐승 같이 본능으로 아는 그것으로 멸망하느니라."(10절) 그런데 이 사람들은 무엇이든지 자기들이 깨닫지 못하는 것은 욕한다. 그들은 이성이 없는 짐승들(*ta aloga zoa*, the irrational animals)처럼, 본능으로 아는 것 바로 그 일로 멸망한다.

당시에는 영지주의자들이 성행했다. 그들은 영과 육을 구분하고, 영만이 선하고 육은 악하고 더럽다고 보았다. 따라서 몸으로 죄악을 행한다 해도 영과는 아무런 관계가 없다고 주장했다. 유다는 이런 이단사설을 위험하게 보고, 그런 주장을 하는 자들은 결국 멸망뿐이라 하였다.

"화 있을진저 이 사람들이여, 가인의 길에 행하였으며 삯을 위하여 발람의 어그러진 길로 몰려 갔으며 고라의 패역을 따라 멸망을 받았도다."(11절) 그들에게 화가 있으리라. 그들은 가인의 길을 걸었으며, 삯을 바라서 발람의 그릇된 길에 빠져들었으며, 고라의 반역을 따르다가 멸망의 길로 치닫고 있다.

"가인의 길"(the way of Cain). 살인자 가인은 질투 때문에 형제 아벨을 죽인 인물이다. 가인은 하나님께서 원하시는 방법을 따르지 않고 자신의 뜻대로 제사를 드렸다(창 4:1-2). "발람의 어그러진 길"(the error of Balaam). 발람은 선지자로서 신실하게 하나님을 섬기지 않고, 재물을 얻기 위해 예언했고(민 22-24장, 벧후 2:15), 이스라엘 백성을 타락시킨 자로 거짓선지자와 거짓교사의 본보기이다. "고라의 패역"(the rebellion of Korah). 고라는 모세와 아론의 권위에 대항하다 하나님으로부터 징벌을 받았다(신 16:1-35, 26:9-10). 그는 교만 때문에 정당한 권위에 도전하며 불법을 자행하는 자의 본보기가 되었다(민 16,17장). 유다 당시 거짓 교사들도 교회의 사역자들에게 대항했다.

"그들은 기탄없이 너희와 함께 먹으니 너희의 애찬에 암초요 자기 몸만 기르는 목자요 바람에 불려가는 물 없는 구름이요 죽고 또 죽어 뿌리까지 뽑힌 열매 없는 가을 나무요."(12절) 이 사람들은 함께 먹을 때에 자기 배만 불리면서 겁 없이 먹어대므로, 너희의 애찬(*tais agapais*, the love feasts)을 망치는 암초(*spilades*, hidden reefs)이다. 그들은 바람에 밀려다니면서 비를 내리지 않는 구름 같은 존재들이고, 가을이 되어도 열매 하나 없이 죽고 또 죽어서 뿌리째 뽑힌 나무와 같은 존재들이다.

“기탄없이”(*aphobos*, fearlessly)는 “염치도 없이”, “두려움 없이” 라는 뜻이다. “애찬의 암초”는 보이지 않는 암초에 배가 파선하듯 교회 내부에 비밀리 들어와 분열과 반목을 일삼는 이단의 속성을 비유한 말이다. “애찬”은 성도들 간에 사랑의 교제를 나누는 것을 말한다. 여기서 거짓 교사들은 애찬의 의미를 존중하지 않고 단지 떠들고 즐기며 자기들의 주장만 늘어놓는 향연으로 여겼다는 말이다.

“바람에 불려가는 물 없는 구름.” 여름에 팔레스타인 해안에는 때로 비가 올 징조를 가진 구름이 일어나는 데, 어떤 때는 비를 뿌리지 않고 그냥 지나가버리는 경우가 있었다. 거짓교사들의 약속도 이와 같을 것이라는 말이다. “죽고 또 죽어 뿌리까지 뽑힌 열매 없는 가을 나무”는 열매를 맺을 수 없는 나무임을 강조하는 말이다. 거짓교사의 가르침은 전혀 유익을 주지 못한다. 뿌리까지 뽑혔다는 것은 거짓 교사들이 받을 심판을 비유한 표현이다.

“자기 수치의 거품을 뿜는 바다의 거친 물결이요 영원히 예비된 캄캄한 흑암(the blackness of darkness)으로 돌아갈 유리하는 별들이라.”(13절) 자기들의 수치를 거품처럼 뿜어 올리는 거친 바다 물결(wild waves)이요, 영원히 어둠 속을 헤매게 될 궤도를 잃은 별(wandering stars)이다. 이 모두는 거짓 교사들의 더러운 행위가 수치스러울 뿐이며 그 결국은 흑암임을 가리킨다.

“아담의 칠대 손 에녹이 이 사람들에 대하여도 예언하여 이르되 보라 주께서 그 수만의 거룩한 자와 함께 임하셨나니.”(14절) 이런 사람들에 대하여 아담의 칠 대 손 에녹은 이렇게 예언하였다. “보아라, 주님께서 수만 명이나 되는 거룩한 천사들을 거느리고 오셔서.”

“에녹”(Enoch)은 하나님과 깊은 교제를 나누며 살다가 죽지 않고 승천한 구약의 인물이다(창 5:18, 24). “주께서 그 수만의 거룩한 자와 함께 임하셨나니.” 이것은 수만의 천사(단 4:13-17, 살후 1:7) 또는 성도(살전 3:13)와 함께 임하시는 것을 말한다. 주님께서 수많은 천사들 또는 성도들을 거느리고 오신다는 말이다. 이 구절은 외경 "에녹서"의 일부를 인용한 것이다(에녹서 1:9).

"이는 뭇 사람을 심판하사 모든 경건하지 않은 자가 경건하지 않게 행한 모든 경건하지 않은 일과 또 경건하지 않은 죄인들이 주를 거슬러 한 모든 완악한 말로 말미암아 그들을 정죄하려 하심이라 하였느니라."(15절) 심판하실 때에 경건치 않은 사람들이 제멋대로 행한 모든 불경스러운 행동과 경건치 않은 죄인들이 주님께 대하여 함부로 지껄인 말을 낱낱이 들추어내실 것이다.

"이 사람들은 원망하는 자며 불만을 토하는 자며 그 정욕대로 행하는 자라 그 입으로 자랑하는 말을 하며 이익을 위하여 아첨하느니라."(16절) 이들은 불만에 싸여서 불평(험담)을 늘어놓는 사람들이고, 자기들의 욕심대로 사는 사람들이다. 그들은 입으로 허풍을 떨다가도(자기 자신에 대하여 자랑을 하다가도), 이익을 챙기기 위해서는(자기에게 유익이 된다고 생각되면) 남에게 아첨을 한다. 거짓교사들은 철저히 이중인격자라는 말이다.

3. 성도들에 대한 권면(17-25절)

"사랑하는 자들아 너희는 우리 주 예수 그리스도의 사도들이 미리 한 말을 기억하라."(17절), 여러분은 우리 주 예수 그리스도의 사도들이 예고한 말을 기억하라.

사도(*apostolos,* apotle)는 "보내심을 받은 자"라는 뜻이다. 원래는 예수님이 복음 사역을 위해 자신의 열두 제자를 보내신 것을 말하는 데, 후에는 복음을 위해 일하는 일반 사역자로 확대되었다(고후 8:23). 18절이 베드로후서 3:4과 동일한 것으로 미루어 볼 때 여기서는 열두 제자, 특히 베드로를 중심으로 한 몇몇 사도들을 가리키는 것으로 보인다.

"그들이 너희에게 말하기를 마지막 때에 자기의 경건하지 않은 정욕대로 행하며 조롱하는 자들이 있으리라 하였나니."(18절) 그들은 마지막 때에 경건치 않은 정욕을 따라 살며 여러분을 조롱하는 사람들이 있을 것이라고 말했다.

"마지막 때"(*eschatou tou chronou*, the last time)는 그리스도께서 다시 오실 때를 말한다. 여기서는 시간의 종말을 뜻하는 의미에서 "크로노스"(*chronos*)를 사용했다. "조롱하는 자들"(*empaiktai*, scoffers)은 그리스도의 신성과 인성을 부인하며 기독교 진리를 조롱하는 자들을 가리킨다.

"이 사람들은 분열을 일으키는 자며 육에 속한 자며 성령이 없는 자니라."(19절) 이들은 분열을 일삼는 육적인(*psychikoi*, worldly-minded) 사람들이며 성령은 없는 사람들이다. "성령이 없는 자"(not having the Spirit)란 성령을 받지 않고 본능대로 사는 자를 말한다.

"사랑하는 자들아 너희는 너희의 지극히 거룩한 믿음 위에 자신을 세우며 성령으로 기도하며."(20절) 그러나 사랑하는 너희는 가장 거룩한 믿음(the most holy faith) 위에 자신을 세우며 성령으로 기도하라. "성령으로 기도하며"는 "성령 안에서(*en Pneumati Hagio*, in the Holy Spirit) 기도하며"로, 기계적이고 맹목적인 기도가 아니라 "성령의 격려와 성령의 도움으로 기도하라"는 뜻이다. 메마른 형식적인 기도가 아니라 성령의 인도를 받아 하나님께 구하라는 말이다.

"하나님의 사랑 안에서 자신을 지키며 영생에 이르도록 우리 주 예수 그리스도의 긍휼을 기다리라."(21절) 하나님의 사랑 안에 머무르면서 자기를 지키고, 영생으로 인도하는 우리 주 예수 그리스도의 자비를 기다리라.

"그리스도의 긍휼"(*to eleos*, the mercy)은 예수 그리스도께서 재림하실 때 나타나는 긍휼을 말한다. 주님은 마지막 때 다시 오셔서 악한 자를 심판하신다. 그러나 주님은 신실하게 신앙을 지킨 성도들에게 은혜를 베푸셔서 구원을 주신다.

“어떤 의심하는 자들을 긍휼히 여기라.”(22절) 의심하는(doubting) 사람들을 불쌍히 여기라.

“또 어떤 자를 불에서 끌어내어 구원하라 또 어떤 자를 그 육체로 더럽힌 옷까지도 미워하되 두려움으로 긍휼히 여기라.”(23절) 또 어떤 부류의 사람들에 대해서는 그들을 불에서 끌어내어 구원하라. 또 어떤 부류의 사람들에 대해서는 그들을 두려운 마음으로 동정하되, 그 살에 닿아서 더럽혀진 속옷까지도 미워하라.

어떤 부류에 대해서는 우리만 구원을 얻었다고 기뻐하지 말고, 죽어가는 그들을 불쌍히 여기고 구원하라는 것이다. “불에서 끌어내어”(snatching out of fire), 이 말은 블랙홀에 빨려 들어가는 자, 곧 영영 죽을 수밖에 없는 자를 구원하라는 명령이다. 지옥에서 건져내라는 뜻이 아니라 지옥의 심판을 받을 자리에서 건져내라는 뜻이다.

또 다른 부류, 곧 육신의 정욕으로 더럽혀진 사람들에 대해서는 그들의 옷까지 증오하며 두려운 마음으로 그들을 불쌍히 여기라 하였다. “그 육체로 더럽힌 옷(stained clothing)까지도 미워하되.” 육신의 정욕으로 인해 악해진 자는 그 옷까지도 그의 죄 된 성품에 의해 부정해진 것으로 묘사되어 있다. 유다는 그 옷까지도 미워하라(*misountes*, hating)고 한다.

“긍휼히 여기라.”(*eleate*, show mercy) 그리스도인들은 남들의 연약함과 부족함을 비난해서는 안 된다. 오히려 두려운 마음을 가지고 그들을 위해 기도해 주어야 한다.

“능히 너희를 보호하사 거침이 없게 하시고 너희로 그 영광 앞에 흠이 없이 기쁨으로 서게 하실 이 곧 우리 구주 홀로 하나이신 하나님께 우리 주 예수 그리스도로 말미암아 영광과 위엄과 권력과 권세가 영원 전부터 이제와 영원토록 있을지어다 아멘." (24, 25절) 너희를 넘어지지 않게 지켜 주시고, 너희를 흠이 없는 사람으로 자기의 영광 앞에 기쁘게 나서게 하실 능력을 가지신 분, 곧 우리의 구주이시며 오직 한 분이신 하나님께 영광(*doxa*, glory)과 위엄(*megalosyne*, majesty)과 주권(*kratos*, dominion)과 권세(*exousia*, authority)가 과거의 모든 시대로부터 현재와 영원히 함께 하기를 기도한다. 아멘.

끝으로, 유다는 그리스도의 신성을 부인하고 교회의 바른 가르침을 공격하는 거짓 교사들에 맞서 오직 예수 그리스도가 한 분 하나님이심을 강조하며 그 하나님께 영광과 위엄과 주권과 권세가 영원히 함께 하기를 기원하였다. 그리고 교인들을 향해 오직 주님만이 우리를 넘어지지 않게 보호하시고 우리를 흠 없는(*amomous*, blameless) 자로 가꾸어 큰 기쁨으로(*en agalliasei*, with exultation) 그의 영광 앞에 서게 하실 분이시다.

"아멘" (Amen)은 "의지하다" 는 히브리어 "아만" (*aman*)에서 나온 부사로 "진실로" (truly), "확실히", "그러할지어다" (So be it)라는 뜻을 가지고 있다. 진실로 그렇게 이루어지기를 빈다는 말이다. 이 서신의 24, 25절의 마지막 인사말은 성경의 여러 서신에서 가장 뛰어난 인사말 가운데 하나로 손꼽히고 있다.